SER UNA teen

Un libro sobre la pubertad

Shushann Movsessian

Traducción:
Víctor Kotler y Florencia Verlatsky

EDITORIAL ATLANTIDA

Movsessian, Shushann
    Ser una teen : un libro sobre la pubertad . - 1a ed. - Buenos Aires :
Atlántida, 2008.
    128 p. ; 17x24 cm.

    ISBN 978-950-08-3651-7

    1. Superación Personal. I. Título
    CDD 158.1

DEDICATORIA

Dedicado a mi madre Victoria Movsessian.
Gracias a sus períodos, ella dio origen
a un mundo de posibilidades.

Dirección de Internet / E-mail:
www.atlantidalibros.com.ar
atlantidalibros@atlantida.com.ar

Título Original: Puberty Girl
Primera edición en Inglés: 2004, Allen & Unwin
Copyright © Shushann Movsessian text 2004
Copyright © CKSD concept & design 2004
All rights reserved.
Copyright © Editorial Atlántida S.A., 2008
Derechos reservados para todos los países de habla hispana de América del Sur.

Azopardo 579, Buenos Aires, Argentina.
Hecho el depósito que marca la Ley 11.723
Libro de edición argentina.
Impreso en Argentina. Printed in Argentina.
Esta edición se terminó de imprimir en el mes de octubre de 2008
en talleres SEVAGRAF, Buenos Aires, Argentina.

ISBN 978-950-08-3651-7

RECONOCIMIENTOS

Cuando pienso en los grupos que dirigí en los últimos trece años me siento conmovida e inspirada por haber trabajado con alrededor de mil cuarenta muchachas.

Pensar que algunas de ellas ahora tienen veinticinco años y pueden ser madres dibuja una gran sonrisa en mi rostro. ¡UAU! A todas ustedes, *Muchachas Púberes* va mi agradecimiento por desafiarme haciendo preguntas honestas y difíciles, por ser abiertas y sentirse curiosas por crecer, por compartir sus historias y sus conocimientos, escuchando compasivamente las preocupaciones del grupo, aportando sus increíbles soluciones y sus ideas tan creativas. Este libro hubiera sido imposible sin ustedes.

Me siento bendecida por haber conocido a tantas mujeres maravillosas que me han apoyado en el camino y han compartido generosamente sus historias. Mi agradecimiento a todas, ¡mujeres fabulosas, inteligentes, festivas, poderosas, creativas, divertidas, de corazón tierno y espíritu fuerte! La lista es larga y abarca varios continentes. Gracias muy especiales a la dinámica Lyn Clune, que estuvo desde el principio y creyó en la importancia de este proyecto desde el *Royal Hospital for Women Randwick* en Australia. A Jane Svensson, por continuar  apoyando estos grupos, y a mi cofacilitadora Marg Erwin. Gracias a Di Todaro y a Liz Seymour en el *CKSD* por su apoyo y por creer en los valores de este libro, y al equipo de Allen & Unwin. Gracias a todas las chicas y adolescentes (desde ahora, a veces las llamaré PúberMuchachas, ¿no suena más divertido?) que nos dieron sus valiosas opiniones: Thea Brash, Eliza Cavalletto, Sophie Marshall, Anna Phillips, Lucy Phillips y Carla Todaro. Gracias a todas las PúberMuchachas que colaboraron en los reportajes fotográficos: Jamie Ayoub, Eliza Cavalletto, Vanessa Hamn, Laura Lee McLaughlin, Davina Mahlsteadt, Isabella Mercuri, Bianca Mercuri, Jessica Pinker, Rachel Pinker, Anna Phillips, Lucy Phillips, Carla Todaro y M'Lisa Ward.

Finalmente, gracias a mis queridas amigas y colegas por su entusiasmo, su apoyo y sus historias: Gemma Summers, Alexandra Pope, Sarah Parry, Jen Fox, Silvia Camastral, Amanda Frost y Anna Cole. ¡Guapísimas!

PETRI KURKAA

ÍNDICE

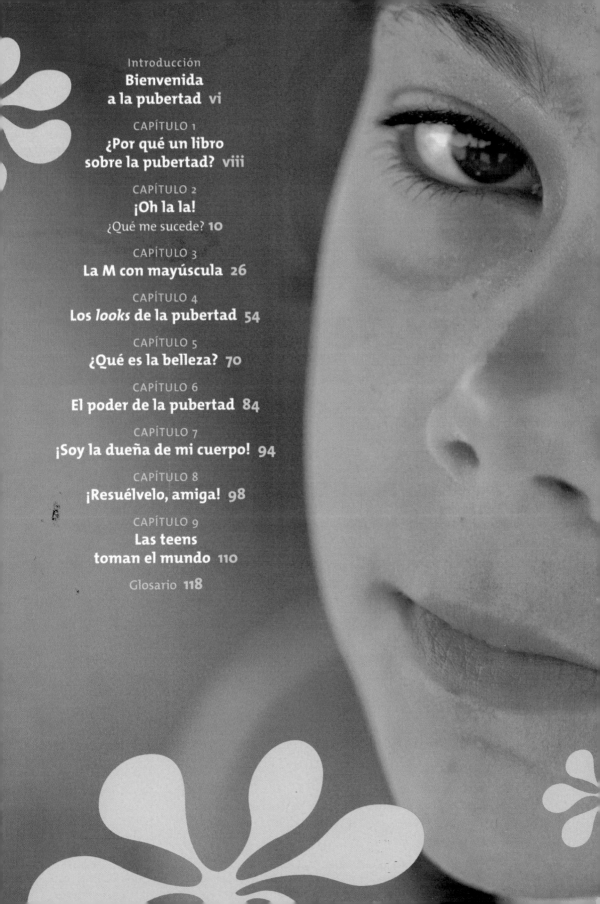

INTRODUCCIÓN
Bienvenida a la pubertad

Querida amiga:

Estás a punto de comenzar una de las más increíbles aventuras de tu vida y no te imaginas cuántas posibilidades existen por ser quien eres y por dejar que la vida suceda. ¡Felicitaciones!

¿Sabes que tú eres un milagro que habla y que camina? ¡Pues lo eres! En los próximos capítulos del libro podrás comprobar exactamente lo que te estoy diciendo. Mientras estás leyendo esta oración en ti se producen un montón de cambios, algunos puedes verlos –quizás te comenzaron a crecer unos pequeños pimpollos en el pecho– y otros cambios están ocurriendo dentro tuyo, no se ven pero los sientes.

Pubertad significa "mayor" o "adulto". ¿Me parece haber oído que alguien dijo: "Puaj, eso es asqueroso"? Ya sé que todavía no son adultas, pero la pubertad es parte del proceso de crecimiento que nos lleva a ser adultas. Si te parece repugnante o te asusta la situación, déjame decirte que no estás sola. Es casi seguro que todas tus amigas están pasando por lo mismo o por algo muy parecido, y todas las mujeres adultas que conoces también han estado ahí. Imagina que tu hermana mayor, tu mamá, la tía o tu maestra vivieron los mismos cambios por los que estás pasando tú y pensaban "esto es asqueroso, la pubertad es una basura". Creo que este es un tema del que no hablamos mucho entre nosotras.

Para tu información, estas son algunas personas que atravesaron la pubertad: Juana de Arco, la princesa Diana y Cleopatra. Todas ellas, de una u otra manera recorrieron el mismo camino que tú. ¿Te imaginas a la reina Isabel II de Inglaterra cuando tuvo su primer período? ¿Y a Shakira? ¡Y a tu abuelita! De hecho, si tu abuelita no hubiera tenido sus períodos ¿qué crees que hubiera pasado?

Me gusta el nombre "Salón de la Fama de la Pubertad". Si quieres, agrega algunos nombres de famosos a la lista ¡y no te olvides del tuyo!

Deseo secretamente que la lectura de este libro no sólo te haga sentir bien con quien tú eres sino que te haga sentir súper fantástica y ultra poderosa por ser una teen.

Tener la información correcta nos hace poderosas, ya que no tenemos que ocultar quiénes somos ni sentirnos avergonzadas por serlo. Nos hace poderosas aprender sobre nosotras y ser nosotras mismas, estar sanas, sentirnos bien y tener todo el apoyo, el estímulo y el amor que nos dan porque ¡nos lo merecemos!

En la aventura de este libro miraremos, y quiero decir MIRAREMOS, todos los desafiantes, picantes, viscosos, húmedos, peludos y salvajes aspectos privados y personales de ser una joven que está creciendo. Esto incluye cambios en nuestro cuerpo, nuestra mente y pensamientos, en nuestros sentimientos y emociones. Las preguntas difíciles tendrán montones de oportunidades para ser contestadas ¡con la verdad-verdadera de lo que sucede allí dentro, allí abajo y también alrededor! Para terminar, espero que disfrutes el libro y que te ayude un poquito en este viaje, y muy especialmente deseo que disfrutes este proceso de crecer para convertirte en una mujer.

Montones de amor
Shushann

P.D.: No todas las chicas que leen este libro tienen una mamá, una hermana o una tía para preguntarle sobre las cuestiones de la pubertad. Pero tú puedes hablar con otras personas. Cuando yo digo mamá, papá o la tía piensa en otros adultos en los que confías y con los que te sientes cómoda. Puede ser un amigo, un maestro o un tutor a quien conoces y que se preocupa por ti.

capítulo 1

¿Por qué un libro sobre la PUBERTAD?

He escrito este libro porque durante los últimos quince años he dirigido grupos en los que he hablado con muchísimas chicas de tu edad sobre estar creciendo y la pubertad. Pasamos juntas días llenos de acción en los que hablamos, hacemos preguntas, nos horrorizamos y nos reímos de los cambios que suceden en nuestros cuerpos y en nuestras emociones, desde los granos hasta el vello púbico, desde las burlas hasta nuestra fuerza y belleza interior. He pasado trece años asombrada por la sabiduría y la creatividad de las jóvenes muchachas con las que he trabajado. Suelo comenzar preguntando: "¿Cuántas de ustedes no querían venir, pero están aquí porque sus padres lo dijeron?". Por supuesto, casi todo el grupo alza la mano, mayormente porque se sienten incómodas, avergonzadas y un poco tristes por tener que crecer. ¡Te dije que no eras la única! Al acabar el día todo ha cam-

  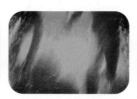 

biado: las muchachas me dicen que se sienten mucho mas cómodas y preparadas, porque estamos todas juntas, y que no fue tan malo como temían. Algunas (horror horror) dicen que están ilusionadas con la idea de crecer y llegar a ser mujeres. Cuando las escucho decir estas cosas, me siento contenta y orgullosa. Como si me hubiera comido una gran porción de tarta de chocolate cremoso con salsa de chocolate caliente y helado de chocolate. ¡Adivinaron! Adooooooro el chocolate.

Con este libro espero llevar mi trabajo a muchas Púber-Muchachas como tú y deseo que leyendo los próximos capítulos descubras que hay grandes ventajas en crecer y... ¡ten cuidado!, puede ser que esperes con ansiedad la llegada de tu pubertad. ¿Me pasé un poco? Digamos que estarás mejor preparada para ella. Pongámoslo de esta manera: probablemente estás en el medio de todos esos cambios y no hay manera de volver atrás, entonces ¿por qué no sacarle el mejor provecho a la situación? A través de tu familia o de la escuela ya te habrás enterado de algunas o de muchas cosas sobre esta historia de la pubertad y crecer. Para empezar, piensa en todas las palabras relacionadas con "pubertad". Si quieres, inténtalo con algunas amigas y anótalas en un papel. Adelante, no te guardes nada, quiero cada uno de los jugosos detalles de lo que hayas oído.

Estas son algunas de las palabras que han traído las chicas de mis grupos:

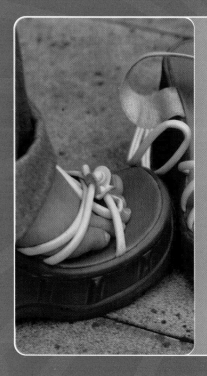

MENSTRUACIÓN ❀ VERGONZOSA ❀ ASQUEROSA ❀ OLOROSA ❀ AFEITARSE ❀ PERÍODOS ❀ RESPONSABILIDAD ❀ TOALLAS FEMENINAS ❀ DEPILACIÓN ❀ TAMPONES ❀ DESODORANTE ❀ CAMBIOS DE HUMOR ❀ PECHOS ❀ TETAS ❀ VAGINA ❀ PENE ❀ SUJETADOR O CORPIÑO ❀ PELO ❀ PELOS EN LAS AXILAS ❀ VELLO PÚBICO ❀ SANGRE Y SANGRADO ❀ OLOR CORPORAL ❀ PIERNAS PELUDAS ❀ MADURAR ❀ NOVIOS ❀ BEBÉS ❀ SUEÑOS HÚMEDOS ❀ MAQUILLAJE ❀ DOLOR ❀ EMOCIONES ❀ CALAMBRES

¿Tenías alguna de estas palabras en tu lista?

A lo largo del libro vamos a hablar sobre estas palabras y veremos las fotos que las acompañan. También nos fijaremos en las palabras correctas para algunas de las que hemos escrito. Por ejemplo: ¿conoces otra palabra para "período"?

¿Te cuento un secreto?

Soy la primera en admitir que cuando tuve mi primer período sentí VERGÜENZA, MIEDO, TRAICIÓN, CONFUSIÓN, ENOJO, TIMIDEZ, TRISTEZA y un humor que rebotaba del cielo al suelo, por sólo mencionar algunas reacciones. Estaba iniciando una aventura, pero en ese momento no lo parecía. Principalmente porque me sentía totalmente sola y sin preparación alguna. Nadie me había dicho qué debía esperar y qué podía hacer al respecto, nunca hablaron conmigo. Yo pensé que me estaba pasando sólo a mí y no quería cambiar. ¿Alguna vez te has sentido así sobre la pubertad y tener el P? (Sí, el período.)

Este es el motivo por el que incluí una sección especial en el libro llamada *"Períodos y pubertad ¡puaj!"* porque son las palabras que he escuchado una y otra vez de las participantes de mis grupos. Creo que yo me sentí superasustada cuando estaba creciendo porque nadie, nunca, me dijo qué era un período. Cuando lo tuve creí que estaba enferma o herida, que me estaba pasando algo terrible. Y cuando me enteré de que iba a tenerlo cada mes, "¡Dios mío!", pero entonces descubrí que puede ser "¡de una buena manera!".

Ahora me siento contenta, porque sé que tener mis períodos con regularidad ayuda a mantenerme saludable. ¿Cómo? Bueno, porque significa que mis partes en crecimiento –mis órganos sexuales internos– están funcionando bien. Pero tener mis períodos también significa que mis huesos y mi cabello, mis uñas y mi piel están creciendo saludablemente.

Veremos más sobre este tema en el próximo capítulo que se llama *"¡Oh la la! ¿Qué me sucede?"* (si quieres puedes hojearlo y ver un adelanto con fotografías).

Tuve mi primer período a los 9 años. Puedes pensar que era muy joven, pero en estos tiempos las muchachas suelen tener sus períodos entre los 9 y los 15 años. Quizás había otras chicas en mi clase que también tuvieron sus períodos, pero yo nunca me enteré porque era un tema sobre el que no se hablaba. Hablar sobre tus períodos pertenecía a la categoría "demasiado ultra vergonzoso", pero mirando atrás, si una de nosotras se hubiera atrevido a hablar nos habría ayudado a sentirnos mucho mejor a todas.

¿Puedes hablar de tus períodos con tu madre, tu padre o algún familiar cercano? ¿Por lo menos tienes alguna persona en quien confíes para hablar sobre esto?

Cuando tenía 9 años yo era un marimacho. Me gustaba el atletismo y participar en actividades al aire libre. Debo reconocer que noté los pelos creciendo en mis axilas –los llamaba "brotes de alfalfa"– y que comenzaban a crecerme los pechos, pero así y todo no sabía que iba a haber más cambios corporales. Y vinieron los –puaj– períodos. No fue hasta que tuve 14 o 15 años que comencé a contarles a algunas de mis amigas que tenía el período. Generalmente era para preguntar si alguna tenía una toalla femenina o un tampón y aun entonces usábamos palabras en código y bajábamos la voz para hablar sobre "eso".

Toallas femeninas y tampones

Cuando tuve mis períodos, al ir a la escuela comencé a usar toallas femeninas. Ay las toallas, esas blancas toallas. Eran enormes rectángulos y, para mantenerlas en su sitio, las usábamos con un cinturón elástico que tenía broches en cada extremo. ¡Ni pensar en las mini con alas, ultra finas y súper adhesivas! ¡Si pudieras verlas, entenderías por qué las llamábamos tablas de surf! Cuando empecé a usarlas sentía que tenía un sándwich entre las piernas. Estaban sujetas con el cinturón elástico y un día, cuando estaba entrando en la escuela, la toalla se había deslizado hasta un sitio cercano a la mitad de mi espalda, donde aparecía como un extraño bulto. ¡Qué vergüenza! Me sentía como un camello, lo que no fue muy agradable cuando tuve que pasar delante del chico tan guapo que esperaba el autobús.

De modo que me esforcé por mantener la calma y simular que todo era absolutamente normal: "sip, todo está bien, sólo tengo esta extraña joroba en mi espalda, ¿y qué, acaso no la tenemos todas?". Corrí hasta los baños como una loca y acomodé la toalla en su sitio.

Recuerdo a mi maestra de sexto hablándonos sobre la pubertad y los períodos. Dijo: "Muchachas, un día una canastita va a crecer dentro de ustedes y esa canastita se está preparando para cuando tengan un bebé". ¡Por favor! ¿Una canastita? Al final de la clase de la canastita, no teníamos la menor idea de que intentaba describir nuestro útero –si antes no escucharon la palabra, van a oírla muy pronto– y la llegada de nuestro período. ¡Le doy gracias al cielo por haber crecido!

Por lo tanto, tuve mis períodos y, una vez que se hicieron regulares, duraban casi la misma cantidad de días cada mes. Si cuando tenía 10 años alguien me hubiera dicho que estaría dirigiendo grupos sobre la pubertad y escribiendo un libro sobre el tema, me habría caído redonda al suelo, muerta de risa... y aquí estoy. Ustedes también están creciendo y miren cuánto han cambiado hasta ahora: les han crecido los dientes, han aprendido a caminar, a hablar, van solas al baño y usan internet (con permiso, por supuesto...).

Esta es una conversación que puede ocurrir en un rincón tranquilo del baño de las chicas:

Muchacha A (con el periodo): Oye (tos nerviosa), se me acabaron las toallitas. ¿No tendrás una para prestarme?

Muchacha B: ¿Prestarte? ¿No pensarás devolvérmela usada?

Muchacha A: Shhhhh, no, no. Quiero decir que si te sobra alguna.

Muchacha B: No tengo toallitas, pero puedo darte un tampón, me sobran varios.

Muchacha A: Dale, me sirven, muchas gracias.

Mientras lees esta línea, en esta misma página, estás cambiando, creciendo y convirtiéndote en el maravilloso ser que tú eres... ¡Ay! Acabas de crecer un poco más, justo cuando parpadeaste.

Escribiendo en tu diario

¿Tienes un diario? Es donde puedes escribir sobre tus sentimientos, pensamientos o tus ideas y saber que nadie más lo puede ver. Es como tener a tu mejor amiga, personalísima y privadísima, ¡tú misma!

Aprovecha la oportunidad de anotar los pensamientos y sentimientos que tengas después de leer cada capítulo. Lo que hagas luego con ello queda en tus manos. Puedes decidir que es materia privada o quizás quieras compartirlo y hablar sobre lo que has escrito con tu madre o con tu mejor amiga.

Un ejercicio muy simple

Escribe sin parar durante 5 minutos, y sin pensar demasiado, sobre tus sentimientos y pensamientos al imaginar que tienes el primer período. Si ya te ha pasado, escribe lo que sentiste y pensaste al tenerlo. El mejor momento para hacer estas notas es cuando te despiertas por la mañana, porque todavía estás somnolienta y no te has despejado. También puedes hacerlo con una amiga, compartir lo que se escribe es opcional.

Mitos menstruales: verdades buenas, malas y feas

A ver cómo lo haces: ¿VERDADERO O FALSO?

* La gente nota cuando tengo mis períodos.
* No hay que ducharse cuando tienes la menstruación.
* Cuando estoy menstruando puedo ir a nadar.
* Cuando tengo mi período debo evitar el ejercicio físico.
* Durante el comienzo de la menstruación debo comer más carne para obtener las vitaminas necesarias.

- ❋ Está bien que los chicos sepan todo sobre la menstruación.
- ❋ Cuando tengo mi período debo mantenerlo en secreto y no contárselo a nadie.
- ❋ La sangre menstrual está sucia.
- ❋ Cuando tengo el período no debo lavarme el cabello.
- ❋ Cada mes, cuando tengo el período, pierdo mucha sangre.

(Respuestas en la página 8)

Mitos menstruales que pueden deprimir a una teen

Por lo que he leído de historia occidental, la menstruación cayó como una toalla femenina empapada en un día de verano. Gran parte de los antiguos textos médicos y religiosos la mencionan como vergonzante, sucia o insana. No es de sorprender que las chicas del siglo XXI digan que es un tema que las hace sentir incómodas y revueltas. ¡Hemos sufrido durante muchas generaciones de muy mala prensa por algo tan natural como tener el período! Antiguos autores de Grecia y Roma describían la sangre menstrual como poderosa e impura (lo de poderosa me gusta mucho). Me parece asombroso ver la gran cantidad de muchachas que piensan que la sangre menstrual está sucia, cuando en realidad es nuestra sangre más limpia y nutritiva, porque es donde crecerá un bebé.

La mayor parte de esas críticas fueron escritas por hombres y ¿saben qué? Los hombres no tienen el período. Quizás esa es la razón por la que se asustaron tanto y tuvieron que rebajarlo, porque les parecía tan extraño y anormal que les daba miedo; si ellos no tenían el período entonces no era normal. Y buscaron los motivos por los que las mujeres sangraban. Algunas de las creencias que flotaban por allí eran:

1. "Tiene que haber algo inferior en el modo en que están hechas las mujeres." Debo decir que esta idea es un poco confusa, en especial observando las incontables pinturas femeninas de los más grandes artistas y el modo en el que, aún hoy, estamos en las portadas de casi todas las revistas.

2. "Las mujeres sangran porque han sido maldecidas por Dios." ¡Oh! ¿No es así como han comenzado montones de prejuicios, por no aceptar, ni entender, ni respetar la diferencia?

3. "Las mujeres tienen demasiada sangre, por lo que deben perder cierta cantidad una vez al mes."

4. Otros creían que las mujeres menstruaban porque no hacían suficiente ejercicio, ni salían de su casa tanto como los hombres.

5. Pensaban que la sangre salía del útero porque este era el órgano más débil del cuerpo, y el lugar hacia donde la sangre se sentía atraída, como si fuera el agujero de un cubo.

6. En cierta época se pensaba que el útero podía moverse dentro del cuerpo y llegar hasta la garganta, causando toda clase de extraños problemas médicos. Esto se conocía como "útero errante". ¡Parece que en aquellos tiempos había casos de "cerebro errante", y algunas veces hasta "ausente"!

Estas historias tan extrañas continúan hasta nuestros días. En los años 60, guías médicas sugerían que durante sus periodos las mujeres no debían bañarse ni hacer ejercicio. Si la menstruación ha sido siempre temida o incomprendida, ¿cómo vamos a aprender a sentirnos mejor con nuestros cuerpos mientras estamos sangrando? Para empezar ¡leyendo este libro! Y consiguiendo información correcta, y diciendo claramente que queremos ser respetadas como jóvenes que están creciendo para ser mujeres y potenciales madres.

Estos mitos rebajan a la mujer y a su cuerpo. En respuesta, las PúberMuchachas tenemos que empezar a desafiarlos, poniendo las cosas en claro y defendiendo con dignidad el increíble milagro que somos.

> "Me siento asustada y nerviosa. Sé que estoy creciendo y que podré tomar mis propias decisiones sobre la vida, como el trabajo, las cosas que van a suceder, con quién quiero estar y aceptar que ya no soy una niña." Patricia, 11.

RESPUESTAS

❀ Nadie puede saber que tienes tu período. ¡A menos que se lo digas!

❀ Está muy bien nadar y bañarse durante el periodo. Durante el baño puedes perder un poco de sangre y para nadar debes usar un tampón.

❀ Debes hacer tanto ejercicio físico como puedas, tener el periodo no es una excusa.

❀ No hay necesidad de comer más carne durante estos días; asegúrate de comer la necesaria siempre.

❀ Por supuesto que está bien que los chicos sepan sobre la menstruación ya que es una parte de la vida.

❀ Está muy bien hablar sobre tus periodos, siempre que tú quieras hacerlo y que la otra persona esté dispuesta a escucharte.

❀ La sangre del período está limpia. De hecho no es posible conseguir sangre más limpia.

❀ Cuando tienes el período puedes lavar cualquier parte de tu cuerpo, desde el cabello hasta los pies.

❀ Durante el periodo sólo perdemos unas tres cucharadas soperas de sangre, y esa sangre está exactamente para eso.

capítulo 2

¡OH LA LA!
¿qué me sucede?

La pubertad en las chicas comienza antes que en los chicos. Para nosotras sucede entre los 9 y los 15 años, y en los chicos comienza entre los 11 y los 16 (no te preocupes, a ellos también les pasan muchísimas cosas).

Conociendo tu cuerpo

Como primer paso hacia la comprensión de lo que sucede durante la pubertad, quiero que mires bien tu cuerpo. Ve a un sitio privado de la casa, donde te sientas tranquila y segura, y desnúdate. ¿Desnuda? Sí, estás leyendo bien. Tienes que conocer tu cuerpo. Es tuyo también para mirarlo. No estoy diciendo que lo hagas en medio de la cocina mientras la familia está cenando. Te sugiero hacerlo en un sitio donde te sientas cómoda y libre de molestias o interrupciones, donde puedas echar llave a la puerta para que nadie entre inesperadamente (en especial tus hermanos pequeños, que siempre quieren saber qué pasa detrás de una puerta cerrada). Quizá quieras hacerlo después de ducharte, así aprovechas el espejo del baño. Lo que veas puede llegar a sorprenderte. Por ejemplo, puedes notar unos pelos muy finos creciendo alrededor de tu área púbica o que tus caderas están un poco más curvadas.

Para el próximo paso vas a necesitar un espejo de mano, porque tienes que ver desde muy cerca. Vamos, no es momento para la timidez, si la única que está mirando eres tú. Es más fácil si apoyas una pierna sobre el borde de la bañera o te agachas en cuclillas y pones delante el espejo. Lo que estás viendo se conoce con el nombre de **vulva**.

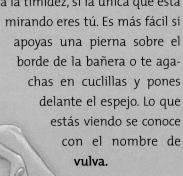

Sabías que...

Hacia 1840 las muchachas comenzaban a tener sus períodos cerca de los 16 años y medio. Hoy la edad es de 12. Esto puede deberse a nuestra dieta, que es mejor, y a nuestros hábitos higiénicos, que nos mantienen más saludables y ayudan a que nos desarrollemos antes.

Los cambios en nuestro cuerpo se producen gradualmente, a lo largo de varios años, lo que nos da tiempo para acostumbrarnos a nuestros cuerpos más adultos. Y eso está muy bien. ¿Te imaginas si despertaras una mañana y descubrieras que te han crecido los pechos? ¡Ups!

¿Sabes cuántos agujeros o aberturas tienes entre tus piernas, por delante y por detrás?

A) 6   B) 1   C) 3

Si has contestado A) ¡Te re-pasaste!
Si has contestado B) ¿Qué, uno para todo?
Si has contestado C) ¡Has acertado! Tres es lo que necesitamos para nuestras cosas.

¡Para todas ustedes, les presento los tres agujeros mágicos!

Bueeenoo, no son mágicos exactamente, pero ya saben, muchas cosas importantes suceden allí abajo. Primero, tienes una abertura a tu uretra de donde sale la orina o pis. También tienes una abertura a tu ano por donde salen las heces, y en el medio, entre las dos primeras, está tu vagina, que es de donde sale la sangre cuando tienes el período y de donde, en algún momento del futuro, posiblemente salga un bebé.

Vulva

Toda esa región entre tus piernas es conocida como la vulva. Supongo que es mucho más fácil decir vulva que repetir constantemente "toda esa región entre tus piernas".

> Vulva proviene de la palabra latina "volva", que significa cobertura.

La palabra en sánscrito *yoni* se traduce como vulva, pero también se ha utilizado para describir la vagina. Este antiguo símbolo femenino era venerado por su fertilidad y por ser la fuente de toda la vida. También era reconocido como creativo y poderoso. Creo que te estoy oyendo: "¡Esa soy yo! ¡Un ser poderoso y creativo, andante y parlante!".

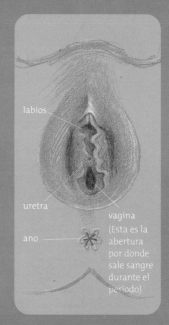

labios

uretra

ano

vagina
(Esta es la abertura por donde sale sangre durante el período)

Si todavía no sientes náuseas ni has perdido el conocimiento, y todavía estás mirando tus agujeros mágicos en el espejito, verás que tu vulva tiene unos suaves pliegues de piel que cubren la uretra, la vagina y el clítoris. Estos pliegues se conocen como **labia** (labios en latín). Hay dos clases de labios: **labia majora** (labios mayores) es el nombre que reciben los pliegues de piel más grandes, y **labia minora** (labios menores) para los pliegues interiores más pequeños. A medida que nos desarrollamos, los labios mayores y menores se van diferenciando más.

¿Por qué tenemos estos labios? Porque le dan una cobertura a nuestra vagina que la protege de la entrada de gérmenes y partículas extrañas, también nos protegen de una infección bacterial cuando tenemos el período y forman una defensa suave y flexible en la abertura vaginal cuando estamos embarazadas. Como ves, son buenos para nosotras y buenos para el bebé que algún día quizá tengan.

El clítoris o la joya de la corona

Asomando apenas por encima, en el sitio en el que nuestros labios menores se unen en la parte superior de la vulva, se encuentra un órgano pequeño y muy sensible conocido como **clítoris**. Tiene, más o menos, el tamaño de un garbanzo. A través de los tiempos ha recibido algunos nombres divertidos como "la joya de la corona" –quizás porque se encuentra en el sitio de la piedra preciosa, si imaginamos la vulva como una corona–. Una vez que lo hemos encontrado, no es posible pasarlo por alto, porque tocarlo produce una sensación definitivamente placentera. Quizá lo descubrimos por accidente al bañarnos. O podemos haber explorado nuestro cuerpo y haberlo descubierto hace un tiempo.

Cuando en mis grupos les describo el clítoris a las muchachas, las que han estado allí y han hecho eso, asienten con aire de conocedoras. Algo así como: "Ajá, hm... no hay duda alguna de que lo tengo, ¿cuál es la novedad?". Y también están las que se quedan mirándome como si les hubiera enseñado a hablar japonés debajo del agua.

Si no entiendes de qué te estoy hablando este es el momento en que debes, en la tranquilidad de tu dormitorio o en el baño, ponerte en cuclillas delante del espejo; te será muy, pero muy útil. He incluido una ilustración en la página 16, pero siempre es mejor ver la realidad, especialmente cuando estás intentando conocer tu cuerpo.

Sabrás que has encontrado tu clítoris porque es muy pero muy sensible, casi te dan cosquillas cuando lo tocas. Esto se debe a que tiene muchísimas terminaciones nerviosas. Tocar o frotarnos el clítoris y el área más próxima nos produce excitación y una sensación de que nos derretimos por dentro. El clítoris es conocido como el punto del placer femenino. Y proporcionarnos este placer se conoce con el nombre de masturbación. Esto puede suceder a cualquier edad, a veces los niños lo hacen como una manera de encontrar consuelo a la hora de la siesta. Tocarnos de esta manera es un modo seguro y privado de darnos placer.

La V de la victoria también es la V de vagina

¿Por qué es tan difícil decir esta palabra? En mi pubertad, un grupo de chicas apenas podía murmurarla sin estallar en una carcajada histérica o caer en un espeso silencio. Muy bien, yo digo ¡vagina, vagina, vagina! Hay que gritar con fuerza. Necesitamos hacerlo. Casi todos hemos salido de una y no estaríamos aquí sin ella. ¡Chicas, tienen que amar sus vaginas!

Debes haber escuchado muchos nombres con los que se llama a la vagina, esto puede explicar por qué nos han hecho tan difícil decir la palabra con V. En el curso de la historia se han usado algunos nombres muy interesantes para la vagina, probablemente porque a la gente no se le permitía usar esta palabra.

Nuestra vagina es el orificio o abertura que conecta el exterior con el interior de nuestro cuerpo.

Está hecha de músculo fuerte y flexible, tanto que eventualmente puede estirarse diez centímetros para dejar pasar la cabeza de un bebé. ¿Demasiada información?

El orificio que ves desde el exterior lleva al conducto vaginal que llega hasta la cerviz, que es el cuello de nuestro útero, y el útero es el sitio donde un feto se convierte en un bebé. También es el sitio de donde, cada mes, durante nuestro período, sale sangre, tejido y recubrimiento.

Ahora que ya conoces los términos técnicos, fijémonos en algunos de los cambios que se producen en tu cuerpo durante la pubertad. Los llamo "anuncios" y puede ser que hayas notado algunos. Todos ellos son indicadores de que la pubertad y la menstruación están cerca.

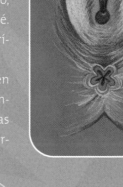

clitoris

Sabías que... Nuestra columna vertebral deja de crecer dos años después de nuestro primer período. En ese tiempo vamos a crecer entre cinco y siete centímetros.

Anuncios para las teens

¿Has notado algo de lo siguiente?

1. La piel y el cabello están más grasientos

¿Han brotado pequeños –y no tan pequeños– granitos en tu cara? Generalmente aparecen cerca de la frente, nariz y mandíbula, lo que se conoce como la **zona T**.

2. Creces y aumentas de peso, las caderas se ensanchan y el cuerpo aumenta sus curvas

Esta es una de las primeras cosas que notarás cuando te acerques a la pubertad. Estás más alta, pero en especial estás aumentando de peso. Generalmente, antes de la pubertad, agregamos uno o dos kilos a nuestra zona media. Eso no es todo, podemos aumentar hasta diez kilos en los seis meses inmediatamente anteriores y posteriores a la pubertad. Estos kilos se reparten en la zona de los muslos, caderas, pechos y cola, un área que es dependiente de nuestras hormonas sexuales. Te preguntas: "¿Por qué no me engordan las orejas o los dedos gordos de los pies?". Tienes que recordar que tu cuerpo está pasando por grandes cambios internos, y estos cambios se manifiestan en tu aspecto externo. Si te sirve de consuelo, todas las chicas pasan por lo mismo.

Sí, sí, ¡es verdad! Tú puedes estar aullando "¿por qué, por qué, por qué?". Siéntate y te lo diré. Esto sucede porque hay un aumento del apetito (¡podemos comernos un caballo!) y nuestro crecimiento en altura se hace más lento. Hay una razón detrás de esta aparente locura: el cuerpo está almacenando reservas, preparándose para la menstruación y el comienzo de los períodos.

En resumen, la hormona sexual masculina, la testosterona, estimula en los muchachos la pérdida de grasa y el desarrollo de los músculos; las hormonas sexuales femeninas, el estrógeno y la progesterona, aumentan la producción de grasa en las chicas y en menor medida la de músculo.

Bien, así es la naturaleza... Darnos más curvas es el modo en que la naturaleza prepara nuestros cuerpos para los posibles bebés; a la naturaleza le gusta que tengamos curvas. Te di las malas noticias primero, pero también las hay buenas.

¡A moverse!

Si estas haciendo ejercicio, comiendo saludablemente (montones de fruta y verdura, no tarta de chocolate) y manteniéndote en forma, estás en el camino correcto. Todas

necesitamos hacer ejercicio cada día. Eso va a reemplazar por músculo una parte de la grasa que almacenamos con tanta facilidad. ¡No dejes de hacer ejercicio aunque tengas que ponerte resortes en los zapatos!

3. Dolores del crecimiento: nos crecen las manos y los pies

Esos misteriosos dolores del crecimiento que desaparecen tan pronto como aparecen ¡y que reaparecen en alguna otra parte!

Los dolores del crecimiento son habituales durante dos etapas del desarrollo. La primera es nuestra infancia temprana, entre los 3 y los 5 años, y la segunda es entre los 8 y los 12 años, la etapa de nuestra pubertad. Las causas no están demasiado claras. No es un dolor de los huesos y, por lo que sé, la molestia no dura mucho tiempo. En conjunto, primero crecemos en altura y después ganamos fuerza. Todavía no tenemos los músculos tan fuertes como para resistir nuestros huesos en crecimiento.

Nuestros pies y manos suelen crecer en un momento temprano de la pubertad, porque esa es la secuencia natural de las cosas. Algunas partes de nosotras crecen más rápidamente que otras. El crecimiento de nuestros rasgos faciales sucede más tarde, y el crecimiento final es el de nuestra columna vertebral. Por eso ves adolescentes que parecen tener el cuerpo corto y los pies graaandes. No te preocupes, al final todo se empareja. Piensa en ti como si fueras una crisálida, almacenando reservas durante la pubertad, preparándote para emerger como una deslumbrante mariposa.

4. Más tejido adiposo en los pechos: comienzan a formarse pequeños botones y los pezones se oscurecen un poco más que el área exterior de los senos

Cuando crezca vello en tus axilas, probablemente notes que en tu pecho comienzan a crecer pequeños pimpollos.

"Eres independiente. Aprendes a vivir tu propia vida.
Comienzas a ganar tu propio dinero y eliges cómo vestirte". Tamara, 10 años

Suena bonito. Pimpollos de seno, como si fueran flores. Estos son unos pequeños bultos grasos que están debajo de los pezones y que algunas veces pueden ser sensibles y doler un poco. El pezón y el área que está a su alrededor, llamada la areola, van a abultarse y a oscurecerse un poco. Esto sucede porque eventualmente la boca de un bebé tendrá que succionar para alimentarse. Todos los mamíferos tienen mamas o pechos y los humanos no somos una excepción. Nuestros pechos, que son unas glándulas productoras de leche, comienzan a crecer al llegar a la pubertad. Están compuestos por grasa y otros tejidos que rodean y protegen los nervios, los vasos sanguíneos y los conductos de la leche (que parecen delgados tubos).

El momento en que los pechos comienzan su desarrollo varía de una chica a otra. A algunas les crecen a partir de los 8 años y a otras a los 14. Generalmente toma de 4 a 5 años que lleguen a su tamaño adulto.

Los chicos pueden bromear acerca de los pechos, pero es muy habitual que también los suyos aumenten de tamaño. Durante la pubertad, las hormonas causan un aumento en el tamaño de los pechos, la diferencia es que en los chicos suele ser pasajero.

¡Los pechos son una cosa maravillosa! Desde hace siglos han fascinado a pintores, escultores, compositores y directores de cine. Si te preguntas cómo será tu busto, te sugiero que te fijes en los de mamá, una tía o tu abuela para tener

Las diferentes etapas del crecimiento del seno (vista lateral)

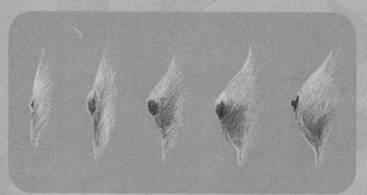

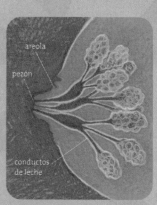

areola

pezón

conductos
de leche

una idea de la forma y el tamaño que quizá tenga el tuyo. Pero hazlo de una manera que no sea muy obvia, por ejemplo, no te quedes mirando con la boca abierta y los ojos fuera de las órbitas.

El ABC y D de los corpiños o sujetadores

Los pechos vienen en toda clase de formas y tamaños, por lo que los corpiños o sujetadores se fabrican teniendo en cuenta la medida de tu torso (ese es el número en la etiqueta: 80, 85, 90, etc.) y el tamaño de tu seno (también conocido como la medida de la taza, que se identifica con las letras A, B, C, o D: pequeño, mediano, grande o extra grande). Aunque parezca increíble, mi abuela usaba un doble D. ¿Adivina de quién heredé mis pechos?

Cuando empezaron a crecerme, a los 11 años, tuve un grave caso de hombros caídos por todos los esfuerzos que hacía para disimularlos. Para mi frustración, tenía el estilo "melón maduro" en lugar del más deseado "cereza madura". Estaba celosa de las chicas que tenían pechos pequeños y andaban por ahí con un remera, buso o camiseta y sin corpiño. Me sentía taaaaan avergonzada. De lo que no me enteré hasta mucho después era de que mis amigas, con sus pechitos, se morían por tener un "par de melones". Cuando salíamos se metían pañuelos de papel en el corpiño para que sus "cerezas" se vieran más grandes. Algo que aprendí es que yo les gustaba a los chicos porque me sentía bien conmigo misma más que por intentar encajar en una "imagen" (estoy hablando de los muchachos a los que valía la pena conocer). Me llevó años volver a caminar con los hombros hacia atrás sin sentirme incómoda. Estoy segura de que para ti será mucho más fácil.

Lee el capítulo titulado "¿Qué es la belleza?", allí hablo de cómo sentirnos bien con nuestro cuerpo.

El atuendo más loco relacionado con el busto que jamás haya visto lo llevaba una de mis profesoras, que apareció en el colegio con una blusa ligeramente transparente y en lugar de llevar un corpiño se había puesto una tirita adhesiva sobre

Ay, los humildes pechos han conseguido muchos nombres a lo largo del tiempo. Estos son algunos con los que te puedes cruzar cuando tus "pimpollos" florezcan.

Tetas ✳ mamas ✳ limones ✳ senos ✳ melones ✳ lolas ✳ busto

Puedes inventar tus propios nombres o hacer como yo y llamarlos "pechos".

"En mi escuela la mayoría de las chicas pasan mucho tiempo conversando sobre maquillaje, ropa y el aspecto que tienen. Yo no quería afeitarme las piernas sólo porque ellas lo hacían, yo apenas si tenía pelos y escuché que si me afeitaba, volverían a crecer más rápidamente y los pelos serían más gruesos." Silvina, 12 años cada pezón. ¡Ay, caramba! Me dio tortícolis de tanto girar la cabeza. Qué pena que entonces no se usaran los tops, hubieran sido una buena solución para mi profe. Cuando estás empezando, los tops son lo mejor.

El primer sujetador o corpiño

Algunas muchachas empiezan a usar sujetador o corpiño cuando llegan a la pubertad. Es como las ruedistas de una bicicleta, pero para tus pechos. Si te importa que el sujetador te quede bien y no estás muy segura de cuáles son tus medidas, puedes averiguarlo en una tienda de lencería, donde cualquier vendedora te hará una prueba gratuitamente. Primero medirá tu torso, justo debajo de tus pechos, para saber la medida del contorno. Para averiguar el tamaño de la taza, te medirá los pechos a la altura de los pezones.

Con estos datos podrán sugerirte los modelos y marcas que quieras probarte. Hay una variedad increíble de ropa interior bonita, pero seguramente la habrás visto cuando sales de compras con tu mamá. Esas tiendas son como boutiques de sujetadores y los fabricantes aparecen con nuevas ideas para que tus pechos parezcan más grandes o más pequeños, y después agregan todo el fru-fru. Creo que está mucho mejor que caminar encorvada o rellenar el corpiño con pañuelos de papel como en los viejos tiempos, eso sí, los pañuelos son mucho más baratos.

5. Pelos por aquí, pelos por allí, pelos por todos lados: pelo en nuestras piernas que se hace más grueso; pelo que comienza a crecer debajo de las axilas; el vello púbico

Unos seis meses después de que tus pechos comiencen a desarrollarse, el vello púbico comenzará a crecer alrededor de tu vagina o área genital. En ocasiones, estos cambios suceden tan lentamente que

Aún cuando estos anuncios indican que tu cuerpo se está preparando para el gran día, es muy difícil decir con exactitud cuándo vas a tener tu primer período. Es como preguntar ¿qué día del otoño comenzarán a caer las hojas de los árboles?; o ¿cuándo saldrá la mariposa de la crisálida? Es diferente para cada una de nosotras porque todas somos maravillosamente únicas. Parte de este proceso depende de tu altura y tu peso, porque nuestro cuerpo es una máquina muy inteligente, y tienen que cumplirse todas las condiciones para que nuestros períodos comiencen.

Lo que puedes hacer es prepararte con la mayor cantidad de información posible y estar atenta a estos anuncios.

es común que no los notemos. Al principio son muy suaves y poco a poco se harán más gruesos y, en algunas personas, muy enrulados. Este pelo proporciona una protección suave y acolchada alrededor de la vulva, que es tan sensible, y de la vagina.

Si levantas el brazo y miras debajo de la axila vas a notar que la piel se conecta con el tejido de tu pecho. El pelo también es una protección para esa zona tan delicada. Esto se nota particularmente cuando nuestros pechos se sensibilizan durante el período o al amamantar.

El vello de las axilas y el pubis son probablemente residuos de tiempos prehistóricos, cuando todo el cuerpo estaba cubierto de pelo. Supongo que eso sucedió antes de que se inventara la depilación con cera. Habiendo dicho esto, tendrás que considerar tus opciones –afeitarte, depilarte con cera o dejarlo al natural–, porque esta es una elección totalmente personal. Con vello, tus axilas transpiran un poco más, pero eso no va a aumentar tu olor corporal, y siempre puedes recurrir al jabón y al desodorante.

Último anuncio... Una mucosidad de color amarillo pálido en tu ropa interior

Se llama flujo, y es una de las últimas señales de cambio en tu cuerpo antes de tener el primer período. Es posible que este llegue seis meses después del primer flujo. Pero no te preocupes si no ocurre; puede variar, ya que todas somos distintas.

El flujo es una secreción líquida, a veces un poco espesa, que no está sólo en la vagina, sino también en otras partes del cuerpo. Por ejemplo, esa cosa que nos chorrea de la nariz es un flujo que llamamos "moco". Ayuda a la lubricación. Sí, ya sé, de nuevo me estoy poniendo asquerosa.

La mucosidad en la vagina proviene del recubrimiento del útero. Contiene agua, entre otras cosas. Cambia constantemente su aspecto y densidad durante el ciclo menstrual: a veces es muy fluido y transparente, parecido al moco de la nariz; otras veces es más espeso, blancuzco y viscoso. Estos cambios los controla la progesterona, una de las hormonas femeninas. Explico más acerca del flujo y las hormonas en el próximo capítulo, "La M con mayúscula".

Si has notado alguno de estos cambios... ¡FELICITACIONES! Estás por convertirse en una PúberMuchacha.

"Recuerdo que un día, en la ducha, me sorprendió mucho ver unos pelitos que me habían brotado de las axilas. Fue poco antes de tener el primer período. Miré y dije: «¡¿Qué?! ¿Y esto de dónde salió?»".
Sara, 12 años

Chicas, ante la duda: la culpa es de las hormonas. ¿Estoy de mal humor? Son las hormonas. ¿Me quiero comer una torta de chocolate entera? Son las hormonas. ¿Tengo más pelos en el cuerpo? Son las hormonas. ¿Tengo puntos negros y el pelo y la piel más grasa? Por supuesto: ¡son las hormonas! Ellas le hacen cosas raras al cuerpo, y vaya si las hacen. Puedes ser una niña bien educada que sólo se ocupa de sus cosas, y entonces ¿qué sucede? Te ensanchas, te salen pelos por todas partes, te crecen pechos y te conviertes en ¡una TEEN!

capítulo 3

LA M

con mayúscula

No, no estoy hablando de McDonald's, estoy hablando de la otra M con mayúscula, la **menstruación**, una palabra que también se usa para hablar del "período". En la escuela ya te deben haber dado una idea, pero aquí tienes más información para aclarar la historia. Nuestro cuerpo pasa por ciclos, como la naturaleza: del día a la noche, de la luna nueva a la luna llena, de la primavera al invierno. Nuestro cuerpo tiene ciclos para la digestión, para que nos crezcan el pelo y las uñas, y por supuesto, el ciclo mensual de la menstruación.

El ciclo menstrual es como la mayoría de los ciclos naturales: algo nuevo comienza a formarse, crece hasta madurar y después, gradualmente, comienza a morir, para recomenzar todo el ciclo. En el capítulo 2 hablamos sobre los cambios externos que podemos percibir. El ciclo menstrual incluye muchos cambios que se producen en el interior de nuestros órganos sexuales reproductivos. Este ciclo generalmente se repite cada 25-35 días y por eso lo llamamos **período**.

Nombres para el período

Hay muchos nombres graciosos y creativos para el período. Cuando yo era niña, jamás decíamos "período" o "menstruación". A la derecha hay varias palabras que eran parte del código que usábamos para que la gente no supiera de qué estábamos hablando, especialmente cuando había chicos en las proximidades. He agregado algunas que he oído en los últimos años.

La maldición ❀
Esos días ❀
Mis cosas ❀ Eso ❀
El mes ❀
El feliz evento ❀
"Susana está
con Andrés.
¿Qué Andrés?
El que viene
una vez por mes".

El infame paso a paso del ciclo menstrual

Cuando nuestro cuerpo está preparado para iniciar el ciclo menstrual, el cerebro envía un mensaje a nuestros órganos reproductivos utilizando una pequeña glándula llamada **pituitaria**, que está situada un poco por encima de la base del cerebro. Si tuviéramos la visión de rayos X de la mujer maravilla y miráramos nuestros órganos sexuales internos, veríamos dos glándulas llamadas **ovarios**, una a cada lado de la pelvis, dos **trompas de Falopio**, y la cerviz o cuello que conduce a un músculo hueco llamado **útero**.

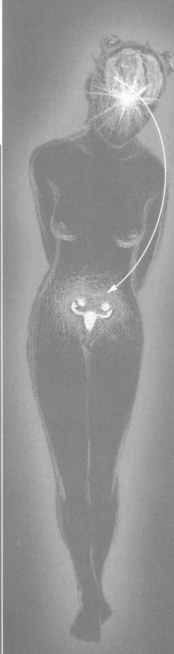

En el momento adecuado el cerebro envía un mensaje a los ovarios para que maduren un óvulo

Todo está cuidadosamente empaquetado. Si pones la punta de tus índices tocándose abajo, donde tus piernas se encuentran con tu cuerpo, y estiras tus pulgares hasta que formen un pequeño triángulo, acabas de encontrar tu útero. Compruébalo en ti misma. Todo cabe en ese espacio tan pequeño.

Cuando es el momento apropiado para que tu cuerpo inicie un periodo, la glándula pituitaria del cerebro comienza una comunicación con tus órganos sexuales. Lo hace utilizando mensajeros químicos que están en nuestra sangre llamados **hormonas**. Las mujeres tenemos dos hormonas principales llamadas **estrógeno** y **progesterona**. La comunicación es más o menos así:

1. **"Cerebro a ovario, cerebro a ovario, ¿me copia? Es tiempo de madurar un óvulo."** El cerebro envía un mensaje a uno de los ovarios para madurar un óvulo (del latín, *ovum*, huevo). En respuesta, el ovario comienza a madurar entre diez y veinte óvulos, que aumentan de tamaño estimulados por la hormona estrógeno.

2. **"Ovario a útero: fabrica un recubrimiento y hazlo blando por si acaso."** Por su parte, el ovario envía un mensaje al útero para hacer crecer un recubrimiento protector a través de la hormona progesterona. Si cierras el puño podrás hacerte una idea de cuál es el tamaño de tu útero en este momento. Es un músculo fuerte, elástico y hueco, que está conectado al cuello del útero que a su vez se conecta con la vagina. El hueco del útero es el espacio donde un óvulo fertilizado puede crecer hasta ser un feto y eventualmente un bebé. El recubrimiento del útero está compuesto por tejido, mucosidad y sangre y puede llegar a tener un centímetro de grosor. Esta es una preparación para el caso de que un bebé comience a crecer en el útero; cuando no hay bebé, el recubrimiento se elimina naturalmente y esa es la sangre que vemos durante el período. La mucosidad es parecida a la que tenemos en la nariz. Ya sé, ¡qué asco! Pero si no estuviera allí tendríamos un problema, ya que nos sirve como un suave lubricante protector.

3. **"Ovario a cerebro, el óvulo está maduro y preparado esperando instrucciones. Cambio."** Cuando el óvulo está maduro, el ovario informa al cerebro. En este momento la cobertura protectora en el útero está preparada para recibir al óvulo, fertilizado o no. En el segundo caso, el óvulo muere y pasa a formar parte del período.

Pero antes, regresemos a las comunicaciones que se establecen entre el cerebro y el ovario.

4. **"Cerebro a ovario, cerebro a ovario: ¡libere el óvulo!"**
El óvulo más grande y maduro es el que sale del ovario para ser transportado hacia abajo por unos pelos muy finos hasta la trompa de Falopio. El resto de los óvulos que habían madurado se encogen y desaparecen en el ovario. Todo este proceso se llama "ovulación" y dura de 11 a 21 días. Si el óvulo no es fertilizado, el proceso hasta llegar al período dura otros 14 días. Esto es lo que sucede:

5. **El óvulo es transportado hasta la trompa de Falopio.**
Sí, el óvulo ha llegado, está sano y seguro. ¡Es una verdadera belleza! En este momento está descansando, aguardando la posible llegada de esperma (las células sexuales masculinas). En la punta de cada trompa de Falopio hay una abertura que tiene unos pequeños tentáculos, como flecos, que se parecen un poco a las anémonas marinas. Estos transportan el óvulo dentro de la trompa, donde hay folículos, finísimos cabellos, que lo empujan hacia el interior. Allí, el óvulo descansa dos o tres días. Está esperando, porque este es el sitio donde puede ser fertilizado por el espermatozoide. Aprovecho para contarte que la única posibilidad de que esto suceda es si un hombre y una mujer tienen relaciones sexuales. Si eso sucede, y el óvulo es exitosamente fertilizado, se desplaza dentro del útero, se adhiere a la suave cobertura que está preparada y va a crecer hasta convertirse en un embrión, luego en un feto y finalmente en un bebé. Esa experiencia nos ha tocado a todas, chicas, ¡todas hemos pasado por ese maravilloso primer día en el que fuimos apenas un embrión!

1. "Cerebro a ovario ¿me copia?"

2. "Ovario a útero: fabrica un recubrimiento."

3. "Ovario a cerebro: el óvulo está maduro."

4. "Cerebro a ovario: libere el óvulo."

5. El óvulo es transportado a la trompa de Falopio

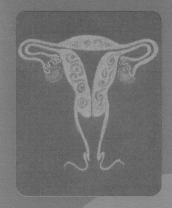

Pisemos el freno y rebobinemos. ¡Ziiiiippp! Para ustedes, chicas lectoras, la parte importante es que el óvulo sin fertilizar va a morir y será absorbido en el útero.

6. **Las últimas palabras de un óvulo moribundo:** "Adiós, mundo cruel, te amo y te dejo, he tenido mucho gusto en conocerte. *Adieu, ciao*, hasta luego cocodrilo." Durante los próximos 14 días, cuando el óvulo muere, el recubrimiento del útero se rompe y empieza a despegarse. La sangre, mucosidad y tejido que lo habían compuesto comienzan a fluir lentamente por la trompa de Falopio, salen por la abertura de nuestra vagina y... ¡Taaa taaan! Tenemos nuestro período o menstruación.

Todo el ciclo menstrual, incluyendo la ovulación y el período, dura entre 25 y 35 días. El ciclo comienza en el primer día de un período y se extiende hasta el primer día del siguiente período.

PREGUNTAS
SOBRE EL
PERÍODO

Querida amiga: ¿Cuánto va a durar mi período, y qué cantidad va a haber? Quiero decir, ¿sale a borbotones?

FIRMADO: ANSIOSA

Generalmente tu período dura entre 4 y 7 días. No te preocupes, vas a tener una pequeña pérdida de sangre o un goteo, no un chorro. Cuando el recubrimiento del útero se despega y comienza a salir, puedes perder un poco más de sangre en el primer par de días. En los últimos días, el sangrado se va a reducir a un par de manchas en tu toalla femenina. En cuanto a la cantidad de sangre, puedes quedarte tranquila. La cifra oficial dice que es de entre 30 y 80 mililitros, aunque para algunas chicas puede ser un poco más. Pero antes de desmayarte, recuerda, se trata de un lento goteo a lo largo de unos días, y no todo es sangre, también está el tejido y la mucosidad que recubrían el útero. En total no habrá más de dos o tres cucharadas de sangre.

Querida amiga: Si tengo mi primer período y después no tengo otro por un tiempo, ¿todavía soy normal?

FIRMADO: ANORMAL

Sí. Cada chica tiene un ciclo diferente. Es muy difícil llevar el registro de tus períodos porque puedes tenerlo por un par de días y no volver a tenerlo en seis meses. Esto es algo perfectamente normal. Es el modo en que tu cuerpo pone en marcha un ciclo que le resulta nuevo y en el cual tus hormonas están ocupadísimas llevando mensajes de un lado a otro. Estabilizar el ritmo de un ciclo regular puede llevar hasta dos años. Anotar la fecha de tus períodos en un calendario es una buena manera de calcular cuándo será el próximo. Dicho todo esto, también es perfectamente normal para algunas chicas que sus períodos no sean regulares.

Querida amiga: ¿Los ovarios son muy grandes? ¿Cuál es el tamaño del óvulo y cuántos óvulos tenemos?

FIRMADO: PREOCUPADA

Tenemos dos glándulas llamadas ovarios, una a cada lado del útero. Los ovarios tienen el tamaño

de una almendra y albergan enormes cantidades de óvulos. Para cuando tengas el primer período habrás almacenado cerca de 350.000. ¡Sí, son muchos! Por eso son tan pequeños como la punta de un alfiler. Afortunadamente no tienen el tamaño de un huevo de gallina, porque nos veríamos un poco raras, ¿no te parece?

Darnos tantos óvulos es el modo en que la naturaleza se asegura de que al menos uno sea fertilizado. Durante nuestra vida menstrual liberaremos entre 400 y 500 óvulos, el resto será asimilado por el cuerpo antes de completar su desarrollo. Para cuando lleguemos a la menopausia, el final de nuestros períodos (entre los 45 y los 55 años), ya no tendremos óvulos. Así es como funciona: sin óvulos, no hay períodos.

Querida amiga:
¿Y los chicos? ¿También tienen cambios y se avergüenzan, o qué?
FIRMADO: VÍCTIMA
DE LA INJUSTICIA

No te preocupes, durante la pubertad, los chicos cambian mucho. Estas son algunas de sus novedades:

❋ En la pubertad, los testículos de los chicos crecen hasta tener el tamaño de una nuez.
❋ Tienen dolores de crecimiento y unas partes les crecen antes que otras, como a nosotras.
❋ Comienza a crecerles la barba y pelo en el pecho y debajo de las axilas. Les crece el vello púbico.
❋ Su voz cambia y se pone chillona antes de hacerse más grave.
❋ Tienen sueños húmedos. Cuando están durmiendo, un fluido pegajoso llamado semen sale del extremo de su pene.

Y se sienten tan avergonzados como nosotras por los cambios que les están ocurriendo.

"En la casa hago muchas tareas: tiendo mi cama, le doy de comer al perro, lleno y descargo el lavavajillas, pongo la mesa. Eso es parte de crecer."

Miranda, 11 años

"Si te sientes confiada acerca de tu período, va a venir y va a pasar sin ningún problema."

Paula, 10 años

"No veo el momento de que llegue y poder dejarlo atrás."

Alejandra, 12 años

El período y la pubertad, ¡puaj!
¡Yo no quiero cambiar!

Crecer, pubertad, cambios, sentimientos, humores, sangre. ¡Qué horror! Todo se puede sentir muy extraño, pero después de un tiempo es algo extraño pero normal, si es que esto tiene algún sentido.

Son muchísimas las chicas que sienten incomodidad y miedo por la llegada de su período y por crecer. Es una etapa difícil, porque más allá de los cambios físicos, tus hormonas están causando complejos cambios emocionales. Un día te sientes fantástica por ser maravillosamente alta, y al siguiente te odias ser más alta que la mayoría de los chicos. Una semana te hace feliz haber tenido tu período y compartir con tus amigas consejos sobre los calambres, pero la semana siguiente, cuando tú tienes los calambres, deseas seguir siendo una niña para siempre.

Es completamente normal tener esta mezcla de sentimientos con todo lo que le sucede a tu cuerpo. Habla con tus amigas, tu hermana o tu madre, tus maestras o una mujer adulta. Cada mujer que conoces ha pasado por los mismos cambios y entenderá perfectamente lo que te sucede. Pronto serás tú la que esté ayudando a una amiga.

A continuación hay una lista de respuestas y consejos que he compartido con las chicas en mis grupos. Espero que te ayuden a estar mejor preparada para los cambios que estás viviendo. He tratado de responder las cinco quejas más frecuentes de las chicas de 9 a 12 años.

Queja 1: No quiero crecer ni cambiar si eso significa tener más responsabilidades y dejar de ser una niña. Me gusta ser una niña.

Muy bien, voy a ser directa contigo, crecer trae más responsabilidades y es cierto que dejas de ser una niña... pero al mismo tiempo lo sigues siendo. Ser una niña es algo que sientes muy dentro de ti, no importa la edad que tengas. Si ser una niña significa jugar, hacer payasadas y recibir mimos, eso no tiene por qué cambiar. Y el otro lado de la moneda es que crecer significa ¡obtener ventajas!

Por ejemplo, ser responsable significa que tus padres confían en ti, y te dejan ir al cine o a una fiesta con tus amigas. Puedes acostarte más tarde, tener permiso para cocinar tus platos favoritos, elegir tu ropa cuando vas de compras y también elegir a los amigos con los que sales. Tomar decisiones por ti misma tiene muchos puntos a favor. Casi me olvidaba: además, una buena parte de crecer es tener una relación con un chico, con todo el besuqueo que eso significa.

Queja 2: ¡Toda esa sangre es asquerosa y sucia!

Bien, como habrás podido observar si has leído los dos capítulos anteriores, no hay tanta sangre. Son alrededor de tres cucharadas soperas que gotean lentamente, y el tiempo que demora en hacerlo es de 3 a 7 días. Cuando las chicas comentan sobre la sangre y la suciedad, les digo que imaginen cuando aprendieron a ir al baño sin pañal. ¿Acaso alguna pensó "qué asco, caca"? ¡Creo que no! Lo que hicieron fue limpiarse muy pero muy bien, porque es tu cuerpo y tú eres su dueña. Lo único que puede hacerte sentir incómoda es si, mientras estás en la escuela, un poco de sangre pasa a tu ropa interior. Nadie más que tú puede verlo y generalmente no hay de qué preocuparse hasta que vuelvas a casa y te la quites para lavarla. El mejor sistema para quitar la sangre de tu ropa interior es lavarla inmediatamente o remojarla en agua fría.

Queja 3: Qué vergüenza, van a comenzar a crecerme los pechos y en la escuela no me van a dejar en paz, ¡especialmente los chicos!

Es muy difícil dejar de ver los pechos, están ahí, no es posible eludirlos. Tampoco hay modo de ocultarlos. Puedes caminar encorvada, pero parecerá que estás intentando esconderlos, lo que va a llamar más la atención. Es diferente con los chicos, ya que los cambios de la pubertad se producen en sus zonas más privadas, aunque ellos pasan vergüenza cuando hablan y les sale una voz muy aguda. Lo mejor que puedes hacer es repetirte que estás muy bien exactamente como eres. Alza la cabeza y camina con orgullo, porque estás muy bien exactamente como eres. ¡Repítelo hasta que te lo creas! Ignora a los bromistas o diles que se callen y márchate. La poderosa serás tú, ya que el bromista lo hace para que te enfades y tú no le haces caso.

Algunas veces tratar de ignorar las burlas no funciona. No sé por qué, creo que alguna gente es demasiado pesada o demasiado tonta. En cualquier caso, lo que comprobamos en los grupos es que si ignorarlos no funciona, es importante enfrentar al bromista. Intentar que se detenga más temprano que tarde facilitará la vida de todos, y será más sencillo hacerlo si te acompaña una amiga que te ayude. Si estás sola, muéstrate erguida y orgullosa, tienes que ser tu propia mejor amiga,

aunque te tiemblen las rodillas. El primer paso es darte la vuelta, mirar al bromista a los ojos y decirle con firmeza que se calle. Esto puede sonar un poco dramático, pero suele dar buen resultado. ¡Cuidado! Tiene que sonar como que lo dices muy en serio. La expresión de tu rostro tiene que coincidir con tus palabras y con el tono de tu voz.

A continuación encontrarás algunas respuestas con las que puedes probar. Practica con una amiga o delante del espejo hasta que te sientas cómoda:

Bromista: "Eeeh, mira tus tetas, cómo se bambolean. ¡Uau, uauuu –murmullo– uau, uauuu!"

PúberMuchacha (opción 1): "¡Basta! ¡Hacer bromas sobre mi cuerpo está mal!"

(opción 2): "Si esta es tu manera de iniciar una conversación, no funciona. Adiós."

(opción 3): "Cuando creces, tener pechos es normal y natural, no te rías tan pronto que tus cambios están llegando."

(opción 4): "Yo me siento muy orgullosa de crecer y madurar, si tú tienes algún problema con ello, deberías hablar del tema con tus padres."

En nuestros grupos hemos aprendido que en esas situaciones es muy útil tener un amigo cerca y recibir su apoyo con un comentario. Por ejemplo: "¡Oye, eres muy grosero. Tener pechos es parte de la pubertad!". (Consultando el capítulo 8 encontrarás información útil sobre cómo afrontar un conflicto y lidiar con pesados.)

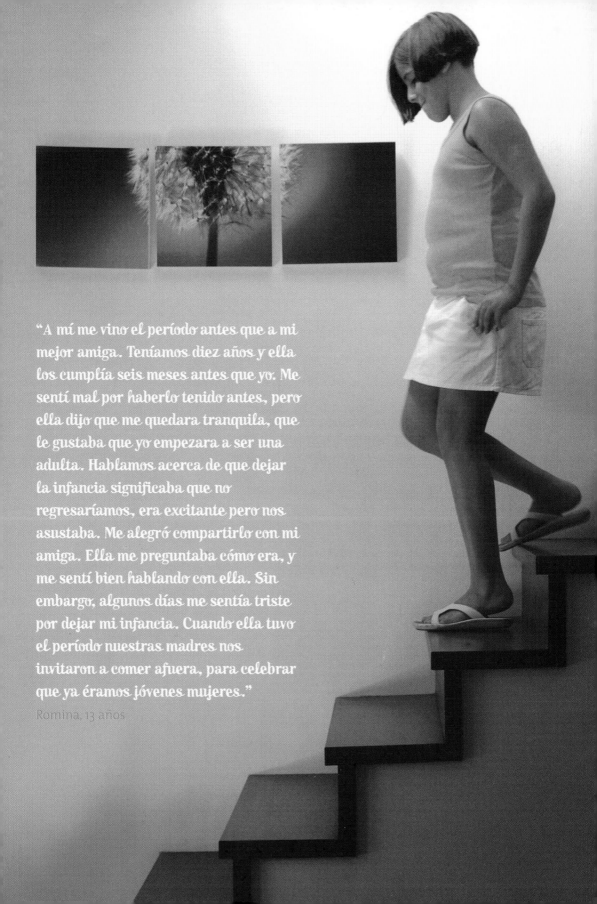

"A mí me vino el período antes que a mi mejor amiga. Teníamos diez años y ella los cumplía seis meses antes que yo. Me sentí mal por haberlo tenido antes, pero ella dijo que me quedara tranquila, que le gustaba que yo empezara a ser una adulta. Hablamos acerca de que dejar la infancia significaba que no regresaríamos, era excitante pero nos asustaba. Me alegró compartirlo con mi amiga. Ella me preguntaba cómo era, y me sentí bien hablando con ella. Sin embargo, algunos días me sentía triste por dejar mi infancia. Cuando ella tuvo el período nuestras madres nos invitaron a comer afuera, para celebrar que ya éramos jóvenes mujeres."

Romina, 13 años

Queja 4: Me atemoriza ser la primera de mi clase/escuela en tener el período, todos se enterarán ¡y seré el chismorreo de la escuela!

Es muy difícil para cualquiera saber que tienes el período, a menos que tú se lo digas. Sería mucho más difícil descubrir que eres la única, teniendo en cuenta la cantidad de chicas que hay en tu clase y en toda la escuela. Tendrías que preguntarle a cada una y es muy probable que no te lo digan, porque lo quieren mantener en privado, igual que tú. Pero supongamos que se enteran de que tienes el período. ¿Y qué? ¡Cada una de las chicas de la escuela va a tener el período, si es que no lo ha tenido ya! Recuerdo lo preocupada que estaba por ser la única chica de la clase que tenía vello púbico. Ya me habían crecido los pechos y me sentía distinta de mis compañeras, que los tenían pequeños o no los tenían. Un día, después de la clase de natación, noté que otra chica tenía vello púbico. ¡Me sentí tan feliz que casi doy un brinco en el aire! Ese momento me aclaró que, aunque yo no hubiera visto cambios en las otras chicas, y aunque nadie me hubiera dicho una palabra, los cambios también les estaban sucediendo a ellas.

Queja 5: No quiero tener calambres y tensión premenstrual. ¡Suena doloroso!

Empecemos con la tensión premenstrual. "Pre" significa "antes" y describe un estado de humor o un sentimiento que podemos sentir antes del período. Granos o espinillas, piel grasa o los pechos sensibles, dolores de cabeza, irritabilidad, hinchazón y cansancio son síntomas comunes de la tensión premenstrual. Otros "síntomas" son más curiosos. Por ejemplo, muchas mujeres dicen que justo antes de comenzar su período sienten una intensa urgencia de limpiar la casa y ordenarla, aún cuando son muy descuidadas el resto del mes. Algunas mujeres tienen un exceso de apetito o se les antoja comer cosas extrañas. Otras lloran con gran facilidad antes del período, no porque se sientan tristes, sino porque todo parece llegar directamente a su corazón.

Podemos sentir que no hemos dormido lo suficiente y estamos malhumoradas o confusas. Podemos sentirnos un poco deprimidas, querer privacidad o quizás estamos más tranquilas que de costumbre sin una razón concreta.

Si los síntomas de tensión premenstrual te incomodan, hay mucho que puedes hacer para pasarlo mejor.

Las mujeres recibimos mala prensa por la tensión premenstrual. Por ejemplo, se hacen chistes en algunos programas de televisión, como cuando dos hombres se dan codazos señalando a una mujer que está enfadada o llorando y dicen con tono burlón: "¡Cuidado, debe estar en esos días del mes!".

Quizás tú la hayas experimentado, o hayas visto los síntomas en tu madre o tu hermana. Se puede poner incómodo y a veces hay que buscar protección. Mi consejo es dejar que la presión salga lentamente y hacerle caso a tus sentimientos. ¿Quieres oír algo novedoso? Si te sientes triste, permítete la tristeza. ¿No es acaso lo que sientes en ese momento? Buaaaa. ¡Y ahora un poco de información gratuita! Aun cuando nos creamos muy buenas controlando nuestros sentimientos, creo que después de un tiempo nos aparecen grietas, que pueden manifestarse como una burla, maltratar a alguien en broma, una respuesta cortante o el chismorreo. Es posible que tú misma hayas recibido algo de esto. Pero por supuesto, tú jamás se lo harías a nadie, ¿no es verdad?

Algunos consejos prácticos para la tensión premenstrual

Estos podrían llamarse "los consejos de la abuelita", ya que la mayoría se basan en el sentido común y en cosas que chicas y mujeres han estado haciendo durante muchos años. Te sugiero que uses los consejos para empezar un cambio en tu estilo de vida y no sólo para hacer un par de cosas antes del período porque te asusta la tensión premenstrual:

Si estás cansada: ¡Duerme bastante! Sí, ya sé, puede ser difícil mientras estás en la escuela, pero en casa asegúrate de acostarte temprano. Evita el café, el té, el chocolate y el azúcar porque te desvelan y luego duermes poco y te despiertas agotada.

¡**Necesitas "tu" tiempo!** Si te sientes molesta, incómoda y un tanto gruñona, quizás quieras quedarte tranquila y estar sola por un rato. Es una excelente oportunidad para ser creativa. Escribir, dibujar o leer son buenas cosas para hacer mientras te "enfrías".

Bebe mucha agua. Necesitamos agua para vivir. Cerca del 70% de nuestro cuerpo es agua, y en nuestro cerebro y músculos llega al 75%. El agua nos mantiene hidratado el cuerpo y ayuda a depurarlo. También puede ayudar con la retención de líquido que provoca la tensión premenstrual en nuestras piernas.

¡**Come en abundancia comida viva!** Claro que estoy hablando de frutas y vegetales frescos. ¡Nada que grite cuando le claves los dientes! Las frutas y los vegetales son ricos en vitaminas y minerales, y no hay mejores amigos para una chica con la menstruación. No te olvides de los que tienen hojas verdes. Los vegetales crudos son un excelente tentempié; y cuando los cocines hazlos al vapor, saltados o en el horno. La fruta es muy buena como desayuno y entre comidas, trata de comer 2 o 3 piezas al día; la fruta es mejor que el jugo ya que también comes fibra (¡tú sabes, eso que te ayuda a ir al baño!)

¡**Vamos a lo orgánico!** Es un poco más caro, pero la carne, la leche y los huevos orgánicos, así como las frutas y las verduras que se cultivan de la misma manera, están libres de pesticidas, fertilizantes químicos, antibióticos y hormonas del crecimiento. También tienen mejor sabor.

Come menos carne roja. Necesitas comer carne por su hierro, pero una porción no debe ser más grande que la palma de tu mano. Come carne magra y evita las carnes procesadas. Al hacerlo reducirás la sal y esa es una gran ayuda para las chicas que aumentan de peso, retienen líquido, sufren de hinchazón de pies y brazos, sensibilidad en los pechos o inflamación del vientre.

Consigue tus ácidos grasos esenciales. Los encuentras en el pescado, las nueces y las semillas. Si escuchaste hablar acerca de los aceites "buenos" del pescado, ¡oíste muy bien! La caballa, el salmón y el atún tienen montones de aceite Omega 3 y ácidos grasos esenciales que ayudan a la formación de prostaglandinas "amigables" que alivian los calambres. ¡A tu cuerpo le va a encantar!

Asegúrate de comer suficientes proteínas, especialmente si eres vegetariana. Si no comes proteína animal, asegúrate de comer una combinación de alimentos que contengan aminoácidos. Estos incluyen nueces, granos, semillas y legumbres (incorpora además los derivados de la soja como el tofu y el tempeh). Para formar una proteína completa tienes que mezclar alimentos de por lo menos dos de estos tres grupos. En ocasiones, el tofu produce hinchazón y calambres, por lo que es mejor consumir productos fermentados de soja como el tempeh, la salsa de soja y el miso, con el que se preparan exquisitas sopas.

EL CAMINO VERDE: UNA PREGUNTA HABITUAL PARA LAS TEENS

Querida amiga:
Estoy pensando en hacerme vegetariana pero me han dicho que hay diferentes tipos y no tengo idea de cuál es el mejor. Por favor ayúdame.

ROSA MANZANO DE AV. GARBANZOS

Querida Rosa:
Hay diferentes tipos de vegetarianos. Desde los que no comen carne y no utilizan ninguna clase de producto animal, hasta los que comen queso y huevos. Lo más importante es que tu dieta te proporcione hierro y todos los nutrientes y proteínas que necesites. Esto es lo que generalmente asusta a la gente y la aleja de la dieta vegetariana. Tampoco es posible eliminar la carne y continuar comiendo chucherías, como papas fritas, gaseosas y chocolate. Ser vegetariano significa que debes hacer una estricta planificación previa. Necesitarás montones de diferentes vitaminas y minerales para asegurar que tu salud se mantenga en perfecto estado. Hay mucha información sobre el tema. Lo mejor que puedes hacer es pedirle al bibliotecario de la escuela que te recomiende un buen libro. Mientras tanto, estos son los "tipos" más habituales de vegetarianos:

Vegetarianos con pollo y pescado: Hay personas que dicen ser vegetarianas, pero ocasionalmente comen pollo y pescado. Bueno, no son estrictamente vegetarianos, pero eliminan la carne roja y comen mucha verdura.

Lacto vegetarianos: No comen carne pero sí productos lácteos como queso, leche y yogurt.

Ovo vegetarianos: No comen ningún tipo de carne, pero sí huevos.

Ovo lacto vegetarianos: Comen huevos y lácteos, pero no carne. Este es el tipo más habitual y suele ser el primer paso para convertirse en vegano.

Veganos: No comen productos animales, ni miel, ni azúcar refinada. Evitan la seda, la piel y el cuero.

Come cereales integrales. Arroz integral, mijo, maíz, quinua y avena son fantásticos. Vigila el trigo, a algunas chicas les produce hinchazón y calambres en el estómago.

Adiós a las dulces burbujas. Me vas a odiar por esto, pero si puedes hacerlo elimina las bebidas gaseosas de tu dieta, ¡especialmente las colas! ¿Sabías que un vaso de cola contiene muchísima azúcar? También contiene un extraño cóctel de químicos y cafeína. Si quieres burbujas mezcla jugo de frutas con soda o agua mineral con gas. Prepara tus propios refrescos con jugo de limón y agua mineral, así le agregas azúcar a tu gusto. ¡Es mucho más barato y mucho mejor para ti!

¡Advertencia, advertencia, advertencia! Esos aperitivos, fritos, dulces o salados, son una gran amenaza cuando se acerca el período. Tienes que ser una chica muy fuerte y evitarlos, especialmente una semana antes del período, que es cuando estás más propensa al síndrome premenstrual. Es lo peor que puedes hacerle a las hormonas que están volando por tu cuerpo. Cuando tienes hambre y quieres tomar un bocado, busca alimentos que liberen el azúcar lentamente en tu torrente sanguíneo, lo que te ayudará a mantener tus niveles de energía. Estos alimentos tienen un bajo índice glucémico y elevan suave y lentamente el azúcar en tu sangre. El chocolate, por ejemplo, te da un supermegaestímulo por un tiempo muy breve, y después te hace caer como si fueras la basura de ayer, dejándote agotada, deprimida y de mal humor. Los alimentos con bajo índice glicémico son los vegetales, las frutas (excepto las bananas), la pasta, legumbres, lentejas, pan integral, yogurt y leche.

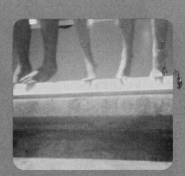

¡Ay, tengo calambres!

Parte del síndrome premenstrual son los calambres, hincha-zón, especialmente en las piernas, y los pechos sensibles. ¡Espero que esto no suene a que vas a transformarte en un ser hinchado, desagradable y de muy mal carácter! Todas las mujeres hemos pasado por esto, y demos gracias a las hadas del calambre porque podemos hacer algunas cosas para con-trolarlo. Los calambres surgen justo antes, o cuando comien-za el período, pero te aliviará saber que se suavizan después del primer o segundo día.

Los calambres son distintos de chica a chica y de mujer a mujer. Algunas sienten suaves dolores y retortijones en la parte inferior del estómago que apenas notan, para otras, los calambres son intensos, como si las pellizcaran muy fuerte en el vientre. Otras señales pueden ser:

* Dolores intensos y breves, que bajan de tus caderas a la parte externa de los muslos.
* Dolores en la parte baja de tu espalda.
* Una sensación de estar llena o de presión en el abdomen que se reduce cuando comienzas a sangrar.

Típicamente, los calambres comienzan de 2 a 3 años des-pués del primer período. Son más habituales en mujeres de 17 a 25 años. Cuando se acercan a los 30 años, o después de dar a luz, muchas mujeres dejan de sufrir calambres. Algunas chi-cas nunca tienen calambres y tú puedes ser una de ellas.

¿Cuál es la causa de los calambres?

Cuando el recubrimiento del útero se deshace durante la mens-truación, para dejar el cuerpo tiene que pasar por la trompa de Falopio. Para hacerlo, el útero se contrae ("exprime") empujando el flujo menstrual. Estas contracciones son como un mini traba-jo de parto, por lo que puedes decirle a tus amigas: "Chicas, acabo de parir un período". No estarás mintiendo, pero tampoco esperes que te aplaudan. Las prostaglandinas son hormonas que pueden causar el estrechamiento de los vasos sanguíneos, disminuyendo el oxígeno que llega al útero; por esta razón las contracciones del útero en algunos casos son más dolorosas.

Querida amiga:
¿Por qué me duelen los pechos antes de tener el período?

Querida Tómala:

Como otras partes del cuerpo, los pechos pueden molestarnos. No sólo a las chicas, a los muchachos también. Quizás hayas notado una ligera incomodidad cuando te estás vistiendo o cuando accidentalmente alguien ha chocado contigo.

Los pechos suelen incomodarnos cuando se están desarrollando, y especialmente cuando comienzan a crecer. Podemos sentir molestias hacia el comienzo del período, porque una semana antes nuestro cuerpo comienza a producir gran cantidad de hormonas femeninas, estrógeno y progesterona, que hacen que el cuerpo retenga agua y se nos hinchen las manos, los tobillos y los pechos. Este líquido expande los tejidos del pecho y estira los nervios, por lo que nuestros senos se sienten sensibles o doloridos. ¿Qué puedes hacer? Generalmente se alivian al comienzo del período. Usa un corpiño cómodo, que te dé buen soporte. Sigue las sugerencias que hice para aliviar el síndrome premenstrual y, si estás preocupada por cualquier dolor, coméntalo con tus padres o quizás quieras ver al médico de la familia.

Modos de lidiar con los calambres: los analgésicos

Cuando sentimos dolor, nuestra primera reacción es: "¡Ay! ¡Quítenme este dolor, y quítenmelo yaaa!". Tomar analgésicos parece magia, con una pequeña tableta ya puedes decirle al dolor: "Hasta la vista, baby". Los analgésicos proporcionan un alivio rápido y más que bienvenido si tienes que ir a la escuela, a un concierto, o si hay un examen al que no puedes faltar para meterte en la cama con una bolsa de agua caliente (lo que creo que es una excelente solución).

No creo que los analgésicos sean la única alternativa para lidiar con el dolor. Los veo como una entre otras opciones, y todo depende de lo que elijas que pase en tu cuerpo. El dolor suele ser la manera con la que el cuerpo nos avisa que debemos ir más despacio o detenernos. Me gusta decirles a mis PúberMuchachas que no exijan demasiado a sus cuerpos y que cuando tienen calambres, descansen, algo que no siempre es posible. Usar analgésicos, a largo plazo puede dañar el tracto digestivo, el hígado y el estómago, por lo que antes de tragarte la pastillita lee sobre mis remedios alternativos.

Algunas recomendaciones dietéticas que sugerí para calmar el síndrome premenstrual pueden ser de gran ayuda, y también he incluido ejercicios, remedios caseros y tratamientos alternativos. ¿Por qué no los lees y pruebas algunos para ver cuáles te sirven?

"Aunque ahora seamos tan frágiles, yo sé que lograremos pasar por todas las etapas del crecimiento." Catalina, 11 años

Calor y tranquilidad

Acuéstate y pon una botella de agua caliente sobre tu vientre. Esta combinación de peso y calor obra maravillas para aliviar el dolor de los calambres. Si tienes un gato, no hay nada más delicioso que poner esa maravilla ronroneante sobre el vientre. Cierra los ojos y relájate, inspira suave y profundamente, y deja salir el aire poco a poco por la boca. Si lo estás haciendo bien notarás que tu gato sube y baja sobre tu estómago. Si te sientes amodorrada, ¿qué daño puede hacer dormir un rato? A veces el estrés y la prisa aumentan las molestias.

Relajación simple: Acuéstate boca arriba sobre una estera o una manta extendida en el suelo, porque necesitamos una superficie dura. Tus brazos deben descansar a los costados, paralelos al cuerpo y con las palmas hacia arriba; deja las piernas estiradas, sin tensión, y que los pies caigan hacia los costados. Relaja los músculos y, si es posible, despeja tu mente. Trabaja con tu cuerpo comenzando por los dedos de los pies, tensando y relajando alternativamente cada parte. Cuando sientas tu cuerpo relajado, respira cuatro o cinco veces desde el diafragma, profunda y silenciosamente. Termina con lentitud, vuélvete sobre un costado, después siéntate y al fin ponte de pie.

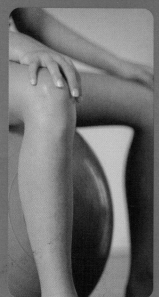

Ejercicio

Este es un excelente método para aliviar los dolores del período. Quizá no tengas ganas, pero levantarte y hacer algo simple como una caminata va a mejorar la circulación de la sangre por el útero, aliviando los calambres. Yo disfruto de una caminata, porque es gratis y puedo regular el ritmo. El ejercicio libera unas sustancias químicas en el cerebro llamadas endorfinas que actúan como analgésicos naturales y ayudan a ponerte de mejor humor si estas decaída. El yoga y el tai chi son muy buenos métodos para ayudar a que te sientas mejor y te mantengas en forma. Habla con tu mamá para que te ayude a encontrar una clase.

Puntos de presión y masaje suave

¿Lo has intentado alguna vez? Usando tus dedos o tus nudillos, aprieta los puntos de presión en tu cuerpo, esto te ayudará a reducir las molestias.

� Masajea el hueso que está justo encima de tu cola y también la parte externa de tus caderas, donde las piernas se conectan con la pelvis.

� Los puntos de presión relacionados con la menstruación están en los tobillos, una zona que se corresponde con los ovarios. Masajear suavemente los tobillos ayuda a reducir el dolor abdominal, incluyendo el del período.

� Si mides tres dedos hacia abajo desde el exterior de las rodillas, encontrarás puntos que puedes presionar firmemente y sostener hasta que el dolor ceda.

� Mezcla unas gotas de aceite esencial de lavanda o de salvia con un aceite base. Masajea la parte baja del abdomen dibujando suaves círculos en el sentido contrario a las agujas del reloj. Te hará sentir bien y el perfume es muy rico.

Té de hierbas
El té preparado con hojas de frambuesa es fantástico (no lo mezcles con té aromatizado con frambuesa). Es excelente para las mujeres y ayuda con los calambres. Búscalo en tiendas especializadas.

Tratamientos alternativos
La homeopatía, la quiropraxia, la osteopatía y la acupuntura se han revelado exitosas en el tratamiento de problemas menstruales. Un especialista en medicina china puede administrarte un suplemento de hierbas para tu problema específico, a la vez que te trata con sesiones de acupuntura, que consiste en insertar agujas muy finas en puntos específicos de la piel para aliviar un gran número de síntomas. Conozco mujeres que han tenido resultados muy positivos con el paso del tiempo, ya que un tratamiento requiere de visitas regulares durante varios meses. A mí me alivió muchísimo unos dolores de cabeza que solía tener antes del periodo.

Baños calientes
Echa unas gotas de tu aceite esencial favorito en un baño caliente y flota en esa maravilla acuática.

¿Qué ocurre...? ¿Acabas de tener tu primer período y no sabes cómo decírselo a tu gente?

¿Tuviste tu primer período, revientas con tantas preguntas y necesitas alguien a quien contarle y con quien hablar? Hablar con una persona de confianza es muy importante. De modo que lo primero que hay que hacer es decidir con quién quieres hablar. Piensa en esto: si eres la primera en tu grupo en tener el período ¡luego pueden venir a hablar contigo!

¿Con quién vas a hablar?

¿Mamá, papá, la tía, tu hermana mayor? Quizá prefieras a la mamá de tu mejor amiga, a tu maestra o la consejera. Elige una persona de tu familia o tu grupo de amigos con la que te sientas muy cómoda al hablar Y DILE TODO. ¿Quieres saber cómo hacerlo? Sigue leyendo.

¿Cómo comienzas a hablar?

Para algunas chicas, hacer preguntas o hablar sobre la pubertad o los períodos es vergonzoso, para otras es natural. ¿A qué grupo perteneces? ¿O estás en medio?

Si te sientes nerviosa, piensa que tu madre, tu tía o tu amiga se pueden sentir tan incómodas y nerviosas como ti misma. Después de todo, no es algo de lo que hablamos todos los días. Quizás tus padres no hayan comentado el tema entre ellos y no estén muy seguros acerca de cómo empezar.

Si ya tienes a la persona indicada, es hora de preparar tus preguntas y encontrar el momento adecuado. Entonces ¿cómo les dirías que tuviste tu primer período?

❉ ¿Dejarías un paquete de toallas femeninas en el botiquín? (No lo creo.)

❉ ¿Pondrías en el lavarropas la ropa interior manchada de sangre? (No se vería bien.)

Querido/a
Ma / Pa / Abu / Tía /
Tío (rellena con el
nombre que
corresponda):

¿Saben qué? Desde
las 17 horas del día
de la fecha, yoooooo...
estooy... bien,
bueno, sangrando,
quiero decir, que no
estoy sangrando
exactamente, estoy
menstruando.
¡Ayuuuuuuudaaa!
Sinceramente,
Alicia

❋ ¿Se lo dirías a tu hermana mayor para que se lo cuente a tus padres? (Vamos mejorando.)

❋ ¿Les escribirías una nota o un correo electrónico? (Lee el recuadro de la izquierda.)

No te estreses, sigue estos consejos y ¡que la fuerza sea contigo!

1. Decide con quién te resultará mas cómodo hablar. ¿Es alguien abierto a tus preguntas, honesto en las respuestas y está dispuesto a compartir su historia contigo? ¿Cuándo está libre?

2. Piensa en lo que te gustaría decir o preguntar. Si te ayuda, prepara unas notas (si estás nerviosa, te será útil tener algo en las manos).

3. Piensa dónde y cuándo quieres tener esa conversación. La atmósfera es importante, por lo que no será un buen momento si todo el mundo tiene prisa y tu hermana menor está llorando. Piensa en un momento cómodo, para que sea una conversación y no una entrevista. ¿Tomando una taza de chocolate en la cafetería?, ¿en casa después de cenar?, ¿por la mañana dando un paseo?

4. ¿Quieres tener esta conversación a solas? Asegúrate de pedirlo. Si quieres que te acompañe tu hermana o una amiga, arregla con ellas por anticipado.

5. Puede ser una buena idea conocer la experiencia de tu interlocutor. ¿Cómo fue su pubertad? Por ejemplo: ¿a qué edad tuvo el primer período?, ¿cómo se sintió con los cambios de la pubertad?, ¿qué dijeron sus padres sobre la pubertad y la menstruación?, ¿qué leía sobre el tema?, ¿qué cosas pasaban en el patio de su escuela?

53

capítulo 4

LOS LOOKS
de la pubertad

Existe una inmensa variedad de "*looks* para la pubertad" o como prefieras llamarlo. (Sólo tienes que dar un paseo por la farmacia, la droguería o el supermercado y entenderás lo que estoy diciendo.) El nombre más formal para las toallas femeninas y los tampones ("hagamos-de-cuenta-que-esto-no-tiene-nada-que-ver-con-la-sangre") es: **productos para la higiene femenina**. ¿Te imaginas pidiendo uno en la escuela?

"Ah, disculpa Patricia, estoy un poquito indispuesta, ¿estarás transportando un producto para la higiene femenina?"

"Ciertamente, Moira, te ofrezco dos."

Vas a encontrar toallas femeninas gruesas con el revés adhesivo, toallas finas, ultra-finas, minis, maxis, súperabsorbentes, con alas, nocturnas, diurnas, toallas rectas, curvas, de algodón, para tanga. ¡Huuuuuup (recuperando el aliento)! Esto es sólo con las toallas femeninas. Con los tampones tienes maxis, minis, súper y regulares, la versión "insértalo tú misma", la versión con tubo aplicador y los de algodón, casi todos presentados en paquetes con un diseño genial y unos estampados que se ven como si estuvieras a punto de iniciar un safari por África. ¿Alguno de estos te resulta familiar?

Si estás totalmente confundida por tantas opciones, es hora de charlar con tu mamá o con tu tía y consultarles qué utilizan. Después de todo, a ellas también les viene cada mes, y ya los han usado por muchos años.

Toallas femeninas,

Cada mes, las toallas femeninas serán una cuestión muy personal para ti. Descubramos entonces de qué están hechas. La toalla común, con el revés adhesivo (con o sin alas), suele tener un exterior de material sintético con un relleno de pulpa de madera blanqueada sin cloro. Los fabricantes son un poco "cortos" a la hora de dar información precisa sobre la composición de las toallas. El relleno de la mayoría es de rayón (pulpa de papel) o de algodón, y están cubiertas por una fina capa sintética que es altamente

absorbente. Hagamos un repaso de los distintos tipos que encontrarás.

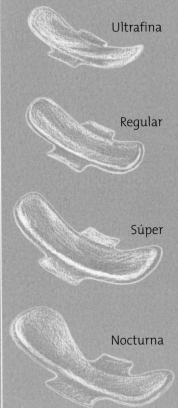

Ultrafina

Regular

Súper

Nocturna

* Ultrafinas: Son súper delgadas y súper absorbentes por el material con el que se fabrican.
* Regular: Para usar el primer o segundo día del período, o cuando el flujo es escaso.
* Súper: Cuando estás en la mitad del período y el flujo de sangre es más intenso. Esto puede suceder alrededor del tercer día, dependiendo de la duración de tu período. El flujo de sangre puede aumentar cuando hacemos ejercicio, caminamos o simplemente estamos activas.
* Nocturnas: Su nombre ya te informa sobre su utilización. Son más grandes y gruesas, para que no tengas necesidad de cambiarla en mitad de la noche.
* Protectores diarios: Están hechos para proteger tu ropa interior del flujo, pero también pueden ser usados en el comienzo del período, si este es suave.

Todas estas toallas femeninas se fabrican con o sin alas. ¿Por qué las alas? Esta parece ser una cuestión de gusto personal. Las chicas me han contado que les gustan las toallas con alas, porque si hay un "escape" por los costados, la ropa interior no se mancha. Esto a veces sucede si la toalla femenina se arruga cuando nos sentamos o al caminar.

¿Cómo se usa una toalla femenina?

Primera regla de oro: ¿Qué tienes que hacer antes de usar una toalla o un tampón? Sí, lavarte las manos con jabón. No quieres transferir bacterias de tus manos a la vagina. Una vez que te has cambiado la toalla, envuelve la usada en una bolsa de papel o en papel higiénico y arrójala a la basura. Entonces, por supuesto, vuelve a lavarte las manos.

Segunda regla de oro: Asegúrate de poner el lado adhesivo de la toalla sobre la ropa interior y no sobre tu cuerpo. Siguiendo estos pasos, es muy simple. Hazlo en el baño.

1. Lávate las manos.
2. Saca la toalla femenina del envase.
3. Despega la tira plástica que protege el adhesivo y también despega el de las alas. Tienes que hacerlo evitando tocar el centro de la toalla, que debe estar limpia porque va a entrar en contacto con tu vagina.
4. Va a ser más fácil si te bajas la ropa interior hasta las rodillas y mantienes las piernas ligeramente separadas. Apoya la toalla o el protector diario en el refuerzo, en el centro de tu ropa interior. Si tiene alas, presiónalas cuidadosamente alrededor del borde de la ropa interior, como se ve en la ilustración. Comprueba que la toalla coincida con la medida del refuerzo, porque si hay un sobrante el adhesivo se puede pegar a tu vello púbico. Ay, creo que es muy temprano para depilarse.

"Mi mamá me habló sobre el período, pero yo ni quería saber cuándo lo tendría. Me dio un bolsito con una toalla femenina. Cuando tuve el período estaba en la escuela y me olvidé que la toalla estaba en mi mochila. Estuve usando papel higiénico hasta que volví a casa."
Amalia, 11 años

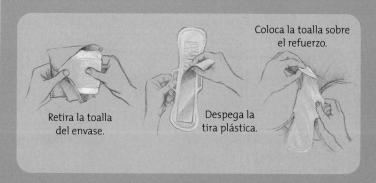

Retira la toalla del envase.

Despega la tira plástica.

Coloca la toalla sobre el refuerzo.

5. ¡Listo! Ya eres una experimentada usuaria de toallas femeninas.
6. Súbete la ropa interior. ¡Obvio!
7. Lávate las manos y eres libre para bailar, jugar, cantar ¡y pasarlo súper bien!

En poco tiempo dejarás de notar que la llevas puesta. Al sentarte, caminar o cruzar las piernas, la toalla puede arrugarse. Cuando vayas al baño, comprueba que todo esté en su sitio. Al comenzar tus períodos verás que te basta con usar toallas femeninas comunes. Pronto puedes ascender a una súper ¡o hasta a una nocturna!

LAS PREGUNTAS MÁS HABITUALES DE LAS PÚBERMUCHACHAS ACERCA DE LAS TOALLAS FEMENINAS

¿Con qué frecuencia debo cambiarlas?

Si decides ser una chica que usa toallas femeninas, probablemente necesites cambiarla cada tres o cuatro horas. Si estás en la escuela, puedes ir al baño durante un recreo, revisarla y, si hace falta, cambiarla. En los compartimientos del baño suele haber un cubo sanitario. No te olvides de envolver la toalla con un poco de papel, para que el adhesivo no se pegue a la tapa del cubo. A la persona que lo utilice después no le gustaría encontrar una sorpresa de este tipo. Si no hay un cubo sanitario en el compartimiento, envuelve tu toalla y déjala en el cubo del baño.

¿Se notará la toalla femenina cuando use un jean elastizado?

Si usas una toalla ultrafina es probable que no se note con esos jeans súper ajustados. Pero con las mallas de baile o las calzas de gimnasia quizá se note un poco. Pruébalas antes de salir y controla en el espejo. Otra alternativa es usar un tampón.

Un mensaje de la Madre Tierra

Por favor, no tires las toallas femeninas y tampones usados en el inodoro. Ya debes imaginar la razón. Primero, porque se taponan las cañerías en tu casa o en la escuela. Segundo, y mucho más importante, porque contaminan nuestro entorno. Tirar de la cadena no hace desaparecer un tampón. Una cañería se conecta con otra y todas desembocan en el mar. Si vives cerca de la costa, después de una tormenta los verá flotando cerca de la playa. Francamente: ¡puaj y repuaj!

* Coloca un tampón en un vaso de agua (foto) para ver cuánto aumenta de tamaño.

"Traté de usar tampones, pero no sabía. No lo inserté lo suficiente ¡y me dolía mucho! Pensé que los tampones eran así, muy dolorosos. Desde entonces utilicé toallas femeninas. Un tiempo más tarde volví a probar con el tampón. Accidentalmente lo empujé más adentro ¡y no podía sentirlo! Fue como un milagro. Descubrí el secreto y los usé durante muchos años. El año pasado volví a las toallas, porque resulta que –sin que lo supiéramos– la mayoría de los tampones contienen productos químicos tóxicos, y no quiero eso dentro de mi cuerpo." Tania, 27 años

¿La sangre huele mal?

Cuando la sangre de la vagina se combina con el oxígeno del aire produce olor si la toalla femenina no se cambia en un cierto plazo. Por "cierto plazo", quiero decir que si te la dejas todo el día sin cambiarla, puedes empezar a perder amigos. Sé tu mejor amiga y cámbiate la toalla regularmente.

Tampones, las "mentas" de la higiene femenina

Cuando yo iba a la escuela, nuestro nombre secreto para los tampones era "mentas". Durante un recreo le murmurábamos a una amiga: "Pssst, oye, ¿tienes una menta que se me han acabado?". En uno de mis grupos una chica me preguntó si se usaba el tampón en la ropa interior, igual que una toalla femenina. Oh-oh, usarlo de esa manera puede ser muy incómodo. A menos que tu ropa interior tenga un elástico superextrafuerte, el tampón se caería rodando por el pasillo como un ratón que se escapó de la clase de biología. No, no, no, mis amigas, si se lo están preguntando, los tampones se ponen dentro de la vagina. Saber usarlos será muy útil si quieres nadar, especialmente en un día de sangrado más abundante. Una vez que lo has insertado, lo único visible es el cordel que queda dentro de tu ropa interior. Lo único difícil de los tampones es ponérselos, al principio. Una vez que aprendes a insertar el primer tampón, el resto es coser y cantar. Yo no usé un tampón hasta los 12, aunque tuve mi primer período a los 9 años. Para ser franca, no sabía que los tampones existían, y después, no tenía la menor idea acerca de cómo usarlos. Aprendí leyendo las instrucciones en el paquete. Eran muuuuy difíciles de poner. El truco es relajarse, lo que es más fácil de decir que de hacer, ¿verdad? El músculo que hay dentro de tu vagina es fuerte, flexible, y se contrae cuando estás tensa, por lo que es recomendable hacer varias respiraciones profundas para relajarte. Si quieres hacer la prueba puedes seguir las instrucciones de las páginas 62 y 63, pero si quieres empezar con las toallas femeninas como yo, pues perfecto. Como la toalla no es una opción para las chicas que practican deportes acuáticos, cuando tengan el período pidan la ayuda de un adulto con los tampones.

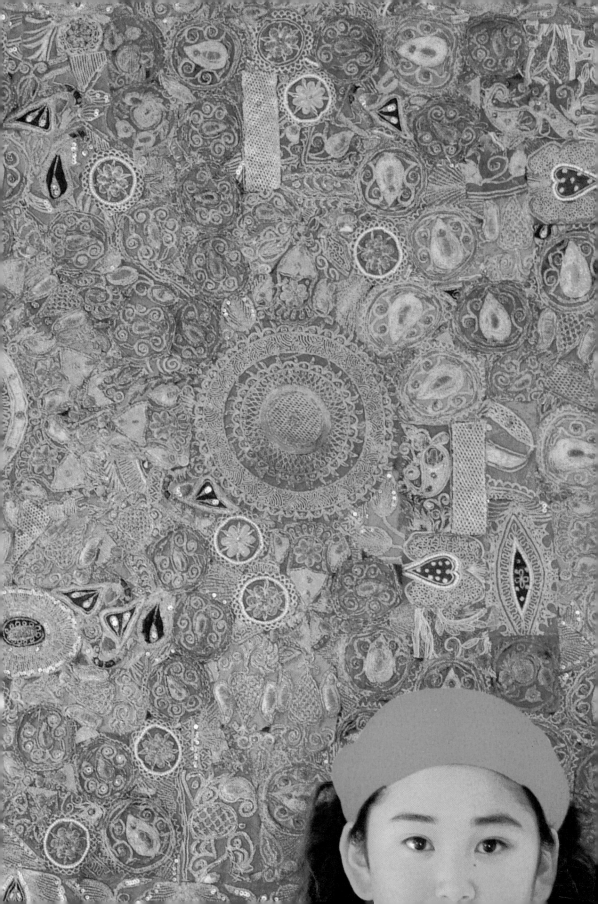

Para empezar, si no estás familiarizada con los tampones, aquí puedes verlos. Están fabricados con materiales muy parecidos a los de las toallas femeninas pero comprimidos en un pequeño cilindro del tamaño del dedo meñique. Tienen una cubierta muy fina de rayón o de algodón para proteger el relleno y que no se deshilache. El relleno tiene en un extremo un cordel que suele ser de diferente color para señalar claramente por dónde abrir el paquete, y para no tocar la punta del tampón con los dedos. No hay que olvidar la primera regla de oro: lavarse las manos antes de colocarlos.

Los tampones, al igual que las toallas, se fabrican con diferentes niveles de absorción:

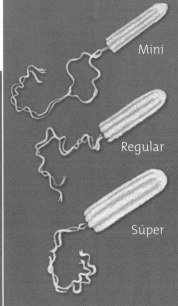

Mini

Regular

Súper

❋ **Mini:** Para chicas como tú, que están empezando. Es pequeño y de punta redondeada.

❋ **Medio/Regular:** Está recomendado para un flujo ligero o mediano. Puedes usarlo al principio o al final del período.

❋ **Súper:** Es de mayor tamaño, apto para los días de flujo más abundante, por ejemplo, el segundo y tercer día del periodo. Si después de tres horas el tampón se pega o resulta difícil de extraer, es demasiado absorbente y debes probar con uno de menor absorción (más fino).

Los pasos simples y seguros para insertar un tampón

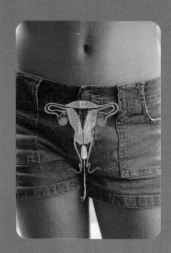

1. Llévate el tampón al baño, donde podrás lavarte las manos, antes y después de colocarlo.

2. Quita el envoltorio o plástico protector del tampón.

3. Sostén el tampón por su base (donde está el cordel) y sujeta el cordel con el pulgar y los dos primeros dedos. NOTA: Si el envoltorio plástico está roto, no utilices el tampón por razones de higiene.

4. Ponte en cuclillas o apoya un pie sobre el borde de la bañera. Con tu mano libre, separa los pliegues de piel –los labios– que rodean la vagina.

5. Inspira profundamente y, mientras espiras, concéntrate en relajar los músculos que rodean la vagina. Inserta lentamente el extremo del tampón dentro de la vagina, hacia abajo y hacia atrás (como si estuvieras apuntando hacia el ano). Si empujas hacia arriba, sentirás presión y resistencia porque estarías empujando tu hueso púbico.

6. Empuja el tampón hacia adentro. Sabrás que está bien colocado porque se siente muy cómodo dentro de la vagina.

7. Arroja el envoltorio plástico y lávate las manos.

8. ¡Listo! ¡Acabas de insertar tu primer tampón!

9. Después de tres horas revísalo. Si al tirar del cordel se desliza suavemente, es la medida adecuada de tampón, y ya es hora de cambiarlo.

También puedes utilizar tampones con aplicador. Tienes que seguir los pasos 1 a 5, pero en lugar de insertar el tampón con el dedo hazlo con el aplicador.

Gel con base de agua: el mejor amigo de una chica que usa tampones

El gel lubricante con base de agua se consigue en la farmacia. Otro trabajo para hacer con mamá. Antes de insertarlo coloca un poco de gel en el extremo del tampón. Si el interior de la vagina está seco, el gel va a ayudar a que el tampón se deslice con facilidad. Al estar hecho con base de agua, no irrita la sensible piel de tu vagina y no te dejará las manos pegajosas. No uses productos que tengan una base de aceite o crema, como la vaselina, crema para manos o loción con perfume, porque pueden provocar una reacción alérgica que interfiera con las bacterias de tu vagina, lo que provocaría una infección.

No hay pregunta demasiado complicada sobre tampones

¿Con qué frecuencia me tengo que cambiar el tampón?
Tienes que cambiarte el tampón cada tres horas, o más frecuentemente si estás sangrando bastante. El flujo puede ser más intenso en los dos primeros días y reducirse después. Como no ves el tampón, puedes olvidarte que está allí. Grave error. Si estás en la escuela, controla durante el recreo, a la hora de comer, o déjate una nota para recordarlo.

Si te dejas el tampón puesto, corres riesgo de contraer una infección. La peor situación es enfermar del síndrome de shock tóxico. No quiero asustarte, pero tengo que hablar sobre el SST, continúa leyendo y entérate bien de este tema.

¿Qué pasa si no puedo ponérmelo? ¿Qué pasa si no puedo sacármelo?
Ponértelo: Si no puedes ponerte el tampón, asegúrate de que es un mini. Recuerda la relajación, respira lenta y profundamente un par de veces, y comienza de nuevo. Pon gel lubricante con base de agua en el extremo del tampón para facilitar la inserción.

Algunas chicas prefieren el tampón con aplicador. Inserta el extremo del aplicador en la vagina, apuntando hacia la parte baja de tu espalda, y colócalo.

Historia del primer período

Tuve el primer período a los 11 años y medio. Estaba en la escuela participando en una competición de natación y antes de que terminara fui al baño. Al limpiarme vi una mancha en el papel higiénico y supe en ese instante lo que sucedía. Era muy poca cantidad, por lo que participé en la carrera y apenas terminó se lo conté a mi mamá. Cuando volvimos a casa me enseño a usar toallas femeninas, y como yo estaba en el equipo de natación me compró tampones.

No me gustaron las toallas femeninas, pero cuando probé con los tampones me resultaron muy incómodos porque me dolía. Mamá trajo gel lubricante y creo que lo usé durante el primer año. Melinda, 13 años

65

¿Qué es el síndrome de shock tóxico (SST)

Al parecer, el SST es la única enfermedad que se ha probado que tiene una conexión con el uso del tampón. Enfermar de SST es muy inusual, pero los síntomas son muy serios y en algunos casos han provocado la muerte.

El uso de cualquier clase de tampón –de rayón o algodón, mini, regular o súper– crea mayor riesgo de enfermar de SST, lo que no sucede con las toallas femeninas. Siento tener que revelarles estas noticias, chicas, especialmente a las nadadoras. No lo hago para que no usen tampones. Es para asegurarme de que sabían cómo usarlos correctamente y que podrán elegir qué utilizar contando con la información adecuada.

Los síntomas del SST pueden ser difíciles de reconocer, porque son muy parecidos a los de la gripe. Estos suelen ser fiebre muy alta, vómitos, diarrea, mareo o desmayo y una erupción muy parecida a una quemadura de sol, que aparece durante el período o en los dos días posteriores. Si reconoces alguno de estos síntomas, avisa a tus padres para que contacten inmediatamente al médico.

Algunas medidas que ayudan a reducir el riesgo: elige el tampón de menor absorción para tu flujo; cámbiate el tampón cada tres a cinco horas; alterna toallas con tampones y por la noche utiliza toallas femeninas; aprende a reconocer los síntomas de la enfermedad y no uses tampones entre períodos. Recuerda, a la menor preocupación visita al médico.

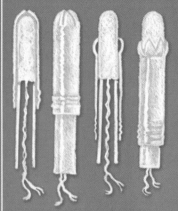

Aplicador

Las instrucciones te muestran cómo. Algunas chicas me dijeron que de este modo es más fácil. Pero todas somos distintas y yo recomiendo que hagas lo que te resulte más cómodo.

Si has probado mis sugerencias y no te puedes poner el tampón, entonces STOP. Lo peor que puedes hacer es forzar las cosas. Es hora de hacer una pausa: relájate, ponte una toalla femenina y prueba con otro tampón más tarde, mañana o el próximo período. Paciencia. ¡Roma no se construyó en un día! ¡Y es posible que no logres colocarte el tampón la primera vez!

Sacártelo: Muchas chicas se preocupan porque al usar un tampón este quede atascado dentro de la vagina, o que el cordel se rompa cuando traten de sacarlo. Lo que les digo es que en todos mis años y períodos –y ya son muchos– jamás supe que algo así sucediera. ¿Han intentado romper el cordel de un tampón con las manos?

Son muuuuy resistentes. ¡Ninguna chica de mis grupos lo ha conseguido! Pero aunque el tampón y el cordel terminen dentro de la vagina, no pueden llegar muy lejos. La abertura de la trompa de Falopio es demasiado pequeña y le impide al tampón ir a ninguna parte. Lo que tienes que hacer es usar tu dedo índice o medio y sacarlo. Meter el dedo es un poco asqueroso, pero sacar el tampón es fácil. Recuerda que estará muy resbaladizo por la sangre y la mucosidad de tu vagina. Si pensamos en la peor situación posible, esto es que no haya ninguna, ninguna, ninguna manera de sacar el tampón, entonces es el momento de llamar a un adulto y quizás debas ver al médico para que lo quite.

Me dijeron que si uso tampones dejaré de ser virgen

La verdad es que alguien virgen es quien nunca ha tenido relaciones sexuales. ¿Insertar un tampón es lo mismo que tener relaciones sexuales? ¡Terminantemente no! ¿De dónde viene esta cuestión? Las mujeres vírgenes suelen tener un **himen**, un trozo de piel muy fina que se extiende parcialmente a través de la abertura de la vagina. Algunas chicas tienen el himen más grueso, y otras nacen sin él. La primera vez que tiene relaciones sexuales, una mujer puede sangrar ligeramente porque el himen se rompe.

Es posible que insertando un tampón el himen se desgarre, pero es muy raro que suceda. El himen sólo cubre una parte de la abertura de la vagina, si la cubriera por completo, una chica no sabría que tiene el período porque la sangre menstrual no podría salir normalmente del cuerpo. En este caso se debe consultar al médico de la familia.

Toallas femeninas vs. Tampones. Lo positivo y lo negativo

Ah, decisiones, decisiones. ¿Tampones o toallas femeninas? ¿Cuáles son las ventajas y las desventajas de cada uno y cuál es el mejor para ti? Quizás quieras probar una combinación que se acomode a tu gusto y a tus actividades. En los recuadros encontrarás las ventajas y desventajas de los tampones y toallas femeninas.

TOALLAS FEMENINAS

Ventajas.

Son seguras.
Sabes que están ahí.
Son cómodas.
Puedes verlas y saber cuándo cambiarlas.
Son fáciles de tirar.
Son limpias.
Son más fáciles de usar por la noche.
Son fáciles de guardar, en especial las finas.
Usarlas reduce el riesgo de SST.

Desventajas.

Sabes que están ahí.
Si no se cambian pueden oler mal.
No se puede nadar con ellas.
Pueden notarse un poco si usas ropa ajustada.
Pueden moverse de su sitio.
El adhesivo se puede pegar a tu vello púbico.

TAMPONES

Ventajas.

No sientes que los llevas puesto.
Son invisibles (salvo por el cordel).
No huelen.
Son fáciles de tirar.
No son sucios.
Ni siquiera los sientes, en especial al principio del período.
No ocupan mucho sitio.
Se disimulan con sus envases.
Son fáciles de guardar.

Desventajas.

No sientes que los llevas puesto.
Es difícil recordar cuándo hay que cambiarlos.
En ocasiones gotean.
A veces puede ser difícil ponérselos.
Pueden ser molestos si no se colocan en el ángulo correcto.
En ocasiones el tampón no es suficiente.

¡Ufa con el período! ¡Las toallas y los tampones son una pesadez! ¡Con mirarme cualquiera va a saber que tengo el período!

POR GOTITA ROJA

Las chicas de mis grupos me dicen que caminar con una toalla femenina en la ropa interior sería muy notorio. Caminarían con las rodillas dobladas, las piernas curvas y el trasero hacia atrás, como si estuvieran en una vieja película de vaqueros. Hagamos un pequeño test menstrual. ¿Cuál de estas tres chicas tiene el período? Si has elegido A, B o C, tu respuesta es correcta. C se ve muy contenta porque acaba de ganar el campeonato de gimnasia rítmica.

¿Tener el período? ¡Es demasiado asqueroso cambiarse las toallas y los tampones!

POR OLVÍDALO

Cuando me dicen esto en un grupo, la primera pregunta que hago es: ¿Qué crees que hubiera sucedido si tu madre, tu abuela o tu requete tatarabuela hubiera dicho lo mismo, y por arte de magia su período hubiera desaparecido?
A continuación hay un silencio, y después veo unas bombillas encenderse sobre las cabezas de las chicas. ¡Correcto! Tú no estarías aquí. ¡Pequeña, adorable, querible, preciosa tú!

A   B   C

capítulo 5

¿Qué es la
BELLEZA?

Que levante la mano quien se haya sentido insatisfecha o criticada por su aspecto. ¿Levantaste la mano? Hmmmm. ¿Qué cuestionas de tu aspecto? ¿Cómo es eso? ¿De dónde crees que recibiste el mensaje de que esa parte de ti no era bellísima de un modo único? Continuemos. Que levante la mano quien se haya sentido insatisfecha o criticada por su aspecto cuando tenía seis años. ¿Tu mano no se movió? Generalmente nadie alza la mano cuando hago esta pregunta. ¿Por qué crees que no hay manos levantadas para cuando teníamos seis años?

Las chicas de mis grupos dicen que estaban demasiado ocupadas jugando, pasándola bien y siendo niñas. Entonces, ¿cuándo cambia todo esto? ¿Cuándo dejamos de pasarlo bien, jugar, comer, dormir y divertirnos para comenzar a mirarnos y pensar cosas no muy agradables sobre nosotras? Si piensas que la pubertad es una parte de la respuesta, aciertas, pero empezamos a recibir mensajes sobre quiénes somos y cómo nos vemos mucho antes de la pubertad.

Si levantaste la mano con mi primera pregunta, debes saber que no estás sola. Muchas mujeres, chicas, muchachos y hombres sufren por no sentirse bien con su aspecto. No dejo de sorprenderme cuando veo a casi todas las chicas de mis grupos levantar su mano ante esta pregunta. Suele haber una o dos que dicen que les gusta su aspecto, incluso que les gusta su cuerpo. Espero que leyendo este capítulo podamos entender por qué hacemos esto y, con un poco de suerte, encontrar maneras de gustarnos y de querernos, tanto por nuestro aspecto como por quiénes somos.

¿Qué es la belleza? Somos de formas, tamaños, colores y culturas tan distintas. Yo adoro el que no seamos iguales, ¿no sería aburridísimo de lo contrario?

Cuando me siento con un grupo de chicas y conversamos sobre la belleza, miro alrededor y pienso: ¡UAU! ¡Todas son tan hermosas! ¿Cómo puede ser que algunas no se den cuenta? Veo muchísimas chicas de entre 9 y 12 años y todas son diferentes en altura, piel y color del pelo, la forma de la cara, del cuerpo, de los ojos. Honestamente no puedo decir que una persona es hermosa y que otra no lo es.

"La belleza está en los ojos del que mira. Una persona puede ver a alguien muy hermoso y otra no. Pienso que la belleza es, quizás, amor." Juana, 10 años

71

"En la antigüedad los hombres pintaban mujeres gordas porque entonces las consideraban hermosas."

Agustina, 10 años

"La belleza brilla desde tu interior. Si eres una buena persona resplandece a través tuyo y yo pienso que eso es la belleza."

Samanta, 11 años

A la izquierda hay unas citas de lo que algunas chicas dijeron sobre la belleza. A ver qué piensas...

Pues bien, bellas amigas, comencemos juntas una pequeña jornada, separemos la paja del trigo y descubramos las razones por las que, al crecer, no nos sentimos tan bien con nosotras.

Marcadores de belleza: ¿puedes decirme lo que piensas que se considera *hermoso*?

He investigado sobre los mensajes de belleza que las chicas de tu edad reciben. He mirado revistas, anuncios en la calle, comerciales de televisión y lo que vemos en las películas y los videos musicales. Hice una lista y fue increíble la similitud que encontré en los mensajes sobre la belleza. Quizás quieras hacer tu lista antes de leer la mía, para compararlas. Esto es lo que yo encontré. ¿Qué piensas? ¿Puedes relacionarte con alguno de estos mensajes?

Los mensajes sobre la belleza que reciben las chicas de tu edad son:

* Compra en tiendas de diseñadores o ropa de marca para verte "cool".
* Es mejor el pelo lacio que el rizado.
* El cabello rubio es mejor que el castaño.
* Ser alta es mejor que ser baja.
* Los dientes deben ser blancos, rectos y preferiblemente pequeños.
* Los pechos grandes son mejores que los pequeños.
* Estar delgada es lo más (excepto por los pechos pequeños).
* Nunca digas que te sientes bien contigo misma, no importa qué talla seas o cómo te veas.
* Los labios gruesos son mejores que los finos.
* Las pestañas largas son mejores que las cortas.
* Los ojos grandes son mejores que los pequeños.
* Las narices pequeñas, rectas o respingadas son mejores que las largas que apuntan hacia abajo.
* La piel tostada es mejor que la blanca o la negra.
* Una cara maquillada (en especial con base) es mejor que una cara natural. Debes usar un maquillaje para que parezca que tu cara está sin maquillar. (A ver si puedes descifrar eso.)
* Usa accesorios súper "top".
* Siempre debes usar brillo labial.

Si has sobrevivido a estos mensajes y todavía te sientes bien contigo misma, ¡felicitaciones! Has sobrevivido a un bombardeo de "VEÍSMO", donde tu valía se decide por cómo te "VES" y no por quién "ERES".

Desafortunadamente hay muchas chicas que pierden su confianza después de leer revistas para adolescentes. Tanto que pueden tomar medidas muy drásticas para cambiar el aspecto de su cuerpo. Lo importante es saber que las cosas no funcionan de esa manera. Las investigaciones realizadas demuestran que las adolescentes y las mujeres que hacen dieta, que pasan largas horas en el gimnasio y se someten a operaciones de cirugía plástica, continúan sintiéndose muy mal con ellas mismas. Me imagino que esto sucede porque no han podido conectarse con una belleza que brilla desde lo profundo, de adentro hacia afuera.

El tamaño es importante

¿Cuál es el talle de la mujer promedio?

a) XS **b)** S **c)** M **d)** L **e)** XL **f)** ¿como mi tía Emilia?

Si tu respuesta fue M/L has acertado.

> XS=extra small (extra pequeño); S=small (pequeño);
> M=medium (mediano); L=large (grande);
> XL=extra large (extra grande)

Ahora vamos a compararlo con el talle de la modelo que vemos en las revistas. ¿Cuál es su medida?

a) XS **b)** S **c)** M **d)** L **e)** XL **f)** ¿como mi tío Francisco?

Si has contestado XS/S has vuelto a acertar. Muchas modelos son talla XS, lo que es muy pequeño en comparación con su altura, que es como mínimo de 1,68 m, por lo que están demasiado delgadas.

Si la mujer promedio usa un talle M/L ¿por qué crees que las modelos de las revistas y la tele usan talles más pequeños?

Las empresas que venden ropa, maquillaje, accesorios y zapatos –que insisten en que la belleza es romperse la espalda caminando sobre zancos– necesitan ganar dinero. Y lo ganan haciéndote creer que, como eres tú naturalmente, no estás bien. Entonces te dicen que necesitas comprar toda su mercancía para sentirte bien, que perteneces a algún grupo o has encontrado tu sitio. Que nos sintamos inseguras o incluso deprimidas es muy bueno para su negocio porque significa que tú vas a comprar, comprar y comprar lo que ellos te ofrecen. Has oído hablar de "curarse la depresión yendo de compras". Si estás triste, será mucho más barato hablar con un amigo o darle un abrazo a tu mamá que correr a comprar todo lo que esas tiendas te dicen que necesitas, especialmente cuando no tienes mucho dinero.

Lo cierto es que somos de todo tipo de asombrosas formas y tamaños. Eso es lo fabuloso acerca de nosotras: nuestra diversidad. Desafortunadamente, la industria de la moda parece creer que todos debemos ser de un único tamaño y de una sola medida: delgados. ¡Buaa, buaa, buaa!

Yo digo que es el momento de contraatacar. ¡Y el contra-ataque comienza contigo! ¡Sí, contigo!

Debes estar pensando: "¿Yo?, pero si tengo diez años. ¿Que tiene que ver conmigo? Pero si apenas me están empezando a crecer las cositas de los pezones". Es cierto, estás comenzando a crecer. Pero hace mucho tiempo que recibes esos mensajes y seguramente los conoces. Casi todas las chicas pueden nombrarme las marcas famosas de ropa y conocen alguna dieta que han visto en una revista. El mensaje que estamos recibiendo es que la forma en que nos vemos es más importante que quiénes somos. Voy a decirlo alto y claro: ¡DE NINGUNA MANERA! ESO NO ES VERDAD.

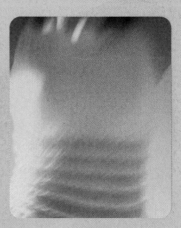

¿Y sabes qué? Los adultos también soportamos monta-ñas de lo mismo. Muchos se sienten incómodos e inseguros sobre su aspecto, la edad que tienen y si están en buena forma. Quieren pechos más grandes o más pequeños, pier-nas más largas o pies más pequeños o caderas anchas o una cerveza.

Quizás hayas oído a tu mamá hablando de sí misma, o a tu tía, tu hermana, la abuela, una prima o incluso a tu maestra en la escuela. ¿Algo de esto te resulta familiar?: "Me siento como un cerdo después de comer así". "Oye, te ha crecido el trasero, ¿no es cierto?" "¡Con este vestido me siento tan gorda!" "Mira sus pies, son como botes."

"¿No te parece que (pon el nombre) está divina? Es tan delgada." "Alicia perdió peso, se la ve muy bien." "Esa ya es tu segunda porción de postre (sonriendo pero con desaprobación en la mirada)."

Vemos y oímos tantos de estos mensajes, que pueden salirnos por la boca como una torta de chocolate con crema. No sorprende, entonces, que cuando nos reunimos varias mujeres inauguremos el temible "Club del Control de Grasa". He dejado a los hombres fuera de la escena porque parece que a ellos les gustamos con curvas. Es lo que se repite en las encuestas de las revistas femeninas. Generalmente votan por cuerpos suaves y con curvas que puedan abrazar. Les gustan más las tallas 40 y 42 que las 36 y 38. Entonces ¿por qué insistimos en encogernos? Porque estamos bombardeadas por mensajes de "cómo debemos vernos" y nos dejamos convencer de que nuestro aspecto tiene relación con quiénes somos. ¡Pero no lo tiene! Nuestro aspecto es sólo una parte de lo que somos, el resto viene de nuestro interior, y esa es la parte más importante. No estoy diciendo que te abalances sobre una tarta y la devores con el corazón contento, porque debemos cuidar nuestro cuerpo y estar tan saludables como nos sea posible. Lo que estoy diciendo es que debes ser quien tú eres, ¡y no lo que las revistas te dicen que debes ser!

La increíble mujer menguante

Hace veinte o treinta años las modelos pesaban un 8% menos que la mujer promedio. Ahora pesan el 23% menos.

UN MENSAJE PARA LAS PÚBERMUCHACHAS:
Brilla desde el sitio más profundo que tengas dentro de ti y siempre brotarán rayos de sol, sin que importe el clima. Tu desafío, querida PúberMuchacha, es cambiar esos viejos mensajes sobre la belleza, que son aburridos, limitados y pasados de moda ¡para crear nuestros mensajes de belleza! Hazte amiga de otras chicas que quieran cambiar la vieja imagen de belleza y comiencen a valorarse a ustedes, a su poder y a su creatividad como muchachas-mujeres del futuro.

Algunas sugerencias:

- Hazle caso a tu cuerpo. Come cuando tengas hambre.
- Desayuna. Es el primer alimento del día y te va a ayudar a concentrarte en la escuela.
- No participes ni te rías cuando se burlen del cuerpo, tamaño o aspecto de una persona. Critica a quienes hagan esas bromas.
- Prepara una lista de las cosas que disfrutas hacer por ser quien eres, no porque tienes cierta cara, color o por tu cuerpo.
- Elogia a las personas por sus ideas, su personalidad y sus logros más que por su aspecto.
- Piensa que eres tu mejor amiga. Recuerda que eres hermosa tal como eres ¡todos los días! Piensa en ti como en alguien que te gusta mucho y con quien te gustaría salir a dar un paseo.
- Intenta ser una amiga cariñosa y trata amablemente a las personas; elige salir con amigos que sean afectuosos y amables.
- Escribe a las revistas para adolescentes diciendo que te gustaría ver cuerpos y bellezas diferentes y no sólo los estereotipos de belleza. Reclama que aparezcan modelos que representen otras figuras y medidas. Felicítalas si lo hacen.

Sobre todo (y esto va a ser difícil) evita las charlas y los chismes en los que comparas tu cuerpo con el de tus amigas o las modelos de las revistas. ¡No te asocies al "Club del Control de Grasa"!

Si empiezas a compararte con otras chicas de tu edad, trata de recordar que todas somos naturalmente diferentes y que eso significa que todas tenemos cualidades especiales. Haz una lista de todos tus puntos fuertes. ¿Qué te gusta hacer?, ¿qué te hace única? Estoy segura de que tus amigas te pueden ayudar.

Pensamientos de las PúberMuchachas sobre la belleza:

✳ "Cuando veo revistas, el mensaje que recibo es que si me quiero ver hermosa tengo que ser como las modelos."

✳ "Si no te ves como una modelo no eres nada. Te has dejado caer y puedes terminar con desórdenes alimentarios."

✳ "Yo pienso que la belleza viene del interior."

✳ "Sus ojos (los de las modelos) tienen ojeras porque están despiertas hasta muy tarde."

Enfoquemos la cámara sobre ti. Si te van a sacar una foto, ¿cuál sería tu primera reacción?

a) Aquí estoy, con una gran sonrisa.

b) ¡De ninguna manera! Odio mis fotos. Tengo que adelgazar o...

c) ¡Qué horror! Estoy muy flaca, necesito engordar un poco.

Si has contestado b) o c) únete al club. En el conjunto de los adolescentes, las chicas están más insatisfechas con su cuerpo que los muchachos. En una encuesta entre estudiantes secundarios, el 70% de las chicas quería estar más delgada, comparado con el 34% de los chicos. Sólo el 7% de las chicas quería ser más grande, comparado con el 35% de los muchachos.

Con las hormonas en plena actividad, es natural que las chicas aumenten un poco de peso, especialmente alrededor de su parte media. Aparte de eso nos crecen los pechos y pelo en sitios cuyo nombre no nos atrevemos a decir en voz alta. Créase o no, para algunas chicas la pubertad puede ser: "¡Pechos! ¡Qué bueno!" Pero otras chicas sienten que todo comienza a estar terriblemente fuera de control y quieren gritar, "¡Aaahhhh, no me cambien, no me cambien!".

Esta es una etapa en la que nos sentimos especialmente vulnerables y podemos caer en malos hábitos como la dieta yo-yo, ayunando o excediéndonos con el ejercicio. Podemos estar tan fuera de control que comenzamos a atracarnos, eso quiere decir comer, comer y volver a comer. La situación más seria es cuando las chicas se atracan y después vomitan.

"En el grupo me quedé atascada tratando de decir algo agradable sobre mí misma. Mi amiga Sandra dijo que yo tenía sentido del humor y un cabello castaño brillante. Me sentí un poco avergonzada, pero me gustó mucho."
Gabriela, 10 años

Los nombres de estos desórdenes de la alimentación son **trastorno por atracones compulsivos, anorexia** (chicas que no comen y hacen demasiado ejercicio) y **bulimia nerviosa** (chicas que se atracan y después vomitan). Puede ser que hayas oído hablar de ellos. Algunas chicas en mis grupos me han dicho que creen que una compañera tiene bulimia. Quizás tú también conoces a alguien.

¿Que pasa con la anorexia?

El nombre correcto es **anorexia nerviosa** e involucra chicas (y muchachos) que no quieren comer porque les asusta aumentar de peso, por lo que llegan al extremo de pasar hambre. Aún cuando ayunen y pierdan muchos kilos, al mirarse al espejo se siguen viendo gordos. Esto es muy malo para su salud, y en algunos casos terribles hay chicas que han muerto por esta causa. Hay muchas personas e instituciones que ayudan a quienes sufren de anorexia.

Un momento: ¡Hay esperanza! ¿Qué puedes hacer?

El primer paso es ser valiente y admitir que tienes un problema. Puedes asustarte y sentir que no eres una buena persona o que has defraudado a tus padres. Respira hondo, pídeles apoyo a tus padres y vayan juntos a ver al médico de la familia o a un consejero. Aunque te atemorice admitir que tienes un desorden alimentario, tu vida puede depender de ello.

"Que te quede bien una pollera talle 36 no significa que todo está claro. Pienso que tenemos que mirar la imagen completa. Para mí, crecer ha significado, a veces, sentirme insegura y temerosa."

Mariana, 13 años

¿Qué es la bulimia nerviosa?

Está más extendida que la anorexia y también suele comenzar en la adolescencia. Tiene un ciclo común de atracones (comer grandes cantidades en un corto tiempo y después provocar el vómito). Desafortunadamente las revistas de moda tienden a darle glamour a esta enfermedad ya que publican historias y fotos de actores y cantantes que dicen haber tenido bulimia. Creo que recibimos mensajes confusos que mezclan delgadez y glamour. Créanme, no hay nada glamoroso en inducir a un vómito.

Chicas que han luchado con la bulimia dicen que empezaron a vomitar cuando hacían dieta y sentían que no funcionaba. El vómito o la purga se combinan con ejercicio muy intenso. Quiero hacer énfasis en que algunas chicas que ocasionalmente se inducen vómitos después de comer en exceso no son consideradas bulímicas, y aún cuando no es un comportamiento saludable, hay estudios que comprobaron que este comportamiento no continúa después de la adolescencia.

¿Cómo ayudar a una amiga?

Si conoces a una persona que es anoréxica o bulímica seguramente te preocupa cómo hablar con ella sobre el tema. Puedes empezar conversando con un adulto o pidiéndole consejo a tu médico.

Muchas jóvenes que hacen tratamiento para la anorexia o la bulimia lo consiguen porque cuentan con la ayuda de personas cercanas. Es muy difícil para los enfermos hacer una llamada telefónica o asistir a su cita con el médico. Es común que necesiten la ayuda de los amigos y de los familiares para dar estos primeros pasos.

Recuerda...

Tu amiga puede pedirte que lo mantengas en secreto, pero esta es una promesa que vas a tener que romper. Yo sé que los secretos son muy importantes, pero considero que una de las pocas ocasiones en las que un secreto no debe ser guardado es cuando puede ser dañino o peligroso, para ti o para las personas que conoces y quieres. ¡Y esta es una de esas situaciones! No hace falta recorrer el patio y contárselo a cualquiera. Debes hablar de tus preocupaciones con un maestro o con un adulto que te pueda ayudar.

Y entonces, ¿qué es la belleza?

La belleza viene de muchas hermosas formas: caderas redondeadas, pecas, cabello rizado, cabello liso, cabello negro, cabello rubio, suavidad, piel clara, piel oscura... Oh, la lista es muy larga, chicas, y es en momentos como este que necesitamos a... ¡una buena amiga a nuestro lado! Por lo tanto, ¿qué podemos hacer al respecto?

Vamos a darle una buena mirada a la Naturaleza. Ella es una magnífica maestra de lo amplia y variada que es la belleza. Hay pocas cosas tan bellas como un viejo roble o una maciza higuera, con sus gruesas y poderosas ramas. Los delfines y las ballenas no piensan: "Ay, ¡mira cómo me ha engordado la cola después de comer ese pescado". Creemos que son adorables tal como son.

capítulo 6

El poder de la
PUBERTAD

Piel grasa, granos, espinillas

Acné es el término médico que abarca una gran variedad de síntomas en la piel como granos, espinillas y puntos negros.

Los granos provienen de un exceso de grasa en nuestro cabello y en los poros de la piel. Esta grasa o **sebo** es segregada por las **glándulas sebáceas** de nuestra piel. Durante la pubertad, con el gran aumento de hormonas que se produce en nuestro cuerpo, estas glándulas hacen horas extra. Necesitamos el aceite para mantener lubricada nuestra piel y nuestro cabello, pero su exceso tapa los poros y produce esa mancha roja en la punta de tu nariz. Para la mayoría de nosotros el acné desaparece cuando salimos de la adolescencia. Si alguno de tus padres tuvo granos, no será una sorpresa que tú los tengas, porque el acné suele ser hereditario.

Como eres una PúberMuchacha es probable que hayas notado granitos en tu cara. Aparecen como pequeños bultos o poros inflamados en la nariz, sobre tus cejas y en el mentón. Las chicas tienen granos en lo que se llama la "zona T" (la frente, la nariz y el mentón). Los poros de la piel son más grandes y es más fácil que la grasa los obture.

¿Qué le dijo un grano a otro?
¡Me encantaría darte un apretón!

¿Cuál es la diferencia entre un grano y un punto negro?

Un grano es blanco y el otro, bueno... su propio nombre lo indica. Cuando un poro de tu piel se tapa y se cierra, enrojece al inflamarse y tiene una punta blanca. Ese es un grano común y corriente. Cuando un poro se tapa pero permanece abierto, la punta se oscurece y ahí tienes tu punto negro.

Los granos pueden ser pequeños bultos, poco molestos, que desaparecen en un par de días, o pueden ser grandes, rojos y dolorosos. Los granos aparecen en la cara, pero también en la espalda, cuello, torso, hombros ¡y hasta en la cola!

Muy bien, estoy condenada al acné, ¿qué puedo hacer?

Puedes controlar la situación y hasta curar los granos cuidando tu piel. Trata de reducir la cantidad de grasa de tu cabello y de tu piel lavándolos con más frecuencia. Recuerdo que antes de tener el período me lavaba el cabello una vez a la semana. ¡Ay, cómo ha cambiado! Después del período pasé a lavarme el cabello casi todos los días para mantenerlo limpio.

Lávate la cara dos veces al día con un limpiador suave que no contenga jabón. No necesitas tratamientos espumosos y sofisticados. Es razonable volver a lavarte después de hacer gimnasia muy activa. Lávate suavemente: si piensas que frotando con fuerza eliminas los granos, en realidad lo que haces es producir una irritación que seca la superficie de la piel y estimula las glándulas sebáceas para crear más grasa. Resultado: ¡más granos!

Evita tocarte la cara con las manos. La suciedad y las bacterias pueden pasar a tu cara y provocar una infección. Incluso apoyar la cara o el mentón sobre las manos mientras lees esto puede hacerlo. Lávate las manos con regularidad, no digo cada cinco minutos, pero sí cuando has ido al baño, si comiste algo con grasa o después de limpiar tu habitación. Si usas gel para el pelo o productos parecidos es mejor mantenerlos apartados de la cara, porque también tapan los poros.

Advertencia... Alerta de granos... Alerta

No toquetees ni aprietes ni rasques tus granos. Yo sé que es muy tentador ver ese punto blanco en tu mentón que te mira rogándote que aprietes su tierno interior. Pero hacerlo a veces empeora tu piel y produce marcas o cicatrices. Apretar excesivamente puede reestimular las glándulas sebáceas y provocar más granos.

Si tienes que apretar un grano debes hacerlo así: envuelve los índices con papel higiénico y aprieta muy suavemente hasta que se abra. Enjuaga la piel con agua tibia y usa un poco de algodón para poner un tónico sin alcohol o una

MITO: ¿Has oído decir que el chocolate y la comida frita provocan granos? Existe la creencia de que si los evitas, los granos se reducirán o desaparecerán. Aun cuando no hay evidencia médica que lo confirme, comer sano y sin grasas quizás no te ayude, pero tampoco te hará daño. Tocarte la cara con las manos sucias después de haber comido un chocolate pegajoso o una hamburguesa no va a ser bueno para tu piel, ya que hay riesgo de introducir bacterias en los poros.

gota de aceite de lavanda, que es un antiséptico natural, directamente sobre el grano. Cuando te levantes por la mañana quizá el grano no haya desaparecido pero seguro se habrá reducido mucho.

Un pelo por aquí, un pelo por allí

Seguramente has notado lo que yo llamo "brotes de alfalfa" creciendo en tus axilas y en el pubis, y quizás el pelo de tus brazos y piernas se ha oscurecido. El pelo es algo muy personal y es increíble dónde puede crecer. Olvídate del pubis, las axilas y las piernas. También crece en el mentón, sobre el labio superior, en los dedos de los pies, en la espalda, en los pechos (alrededor de la areola), ¡hasta en la cola!

Déjalo ser

En esta etapa lo que tienes que hacer es sentarte, relajarte y dejar que el pelo crezca. Es fácil, barato, indoloro y, en el principio de la pubertad, casi invisible. Más adelante querrás pensar en algún método de depilación. Recuerda que te costará dinero. Habla con tu mamá sobre las distintas posibilidades.

Olor corporal. El *eau de parfum* del cuerpo

Todos transpiramos. Si no lo hiciéramos probablemente entraríamos en combustión espontánea, ya que es el modo en que nuestro cuerpo se enfría. Los perros se refrescan jadeando. Ya intenté hacer lo mismo, pero no funciona. Nosotros lo hacemos a través de la piel. Las glándulas sebáceas y sudoríparas permiten que la piel respire y elimine productos de deshecho. El sudor de un adolescente es muy distinto al de un niño. En primer lugar, es más abundante. Es como si el "sudorímetro" de nuestro cuerpo estuviera en el máximo. Las zonas más afectadas son las axilas y los genitales. Esto sucede porque un tipo de glándula sudorípara, llamada apocrina, está concentrada en estas áreas. Estas glándulas se ocupan de regular la cantidad de transpiración que necesitamos eliminar, mientras otras glándulas, las ecrinas, dejan fluir el líquido salino que nos refresca.

    ¿Qué pone a estas glándulas en funcionamiento? No sólo pasar un día bajo el sol. Transpiramos después de hacer ejercicio, cuando estamos nerviosos, estresados o asustados.

    Si nos lavamos regularmente, nuestro olor corporal suele ser muy agradable. De hecho puede ser uno de los factores que provocan atracción mutua. ¿Nunca conociste a alguien que te gustó porque olía bien naturalmente? El olor corporal aparece cuando el sudor entra en contacto con el aire y no tiene tiempo de evaporarse. Las bacterias eliminadas por las glándulas sudoríparas de las axilas, los pies y los genitales se descomponen y producen ese inconfundible olor que algunas veces nos quita el aliento ¡no muy agradablemente!

Cómo mantenerte fresca sin ser "una fresca"

Todos tenemos olor corporal y podemos hacer muchas cosas al respecto. La más obvia es cuidar nuestra higiene personal:

❋ Toma diariamente un baño o una ducha. Usa un jabón suave y agua tibia especialmente en las axilas, los genitales y alrededor de la cola.

❋ Cámbiate la ropa, las medias y la ropa interior todos los días. Si hueles una camiseta o las medias usadas, recibirás un mensaje claro sobre si puedes volver a ponértelos. No te engañes con la excusa de que sólo los usaste una vez.

❋ Usa ropa de materiales naturales que "respiren" (algodón 100% o mezcla de algodón y lino). Al absorber la humedad y permitir la circulación del aire, te ayudan a sentirte seca. Evita la ropa de nylon y materiales sintéticos que no respiran y retienen la humedad.

Mucha gente se detiene aquí. En tanto te bañes y lleves ropa limpia, los aromas que la Madre Naturaleza te ha dado pueden ser muy dulces, pero:

❋ Si bebes mucha cola (o refrescos con cafeína) tienes que reducirlas, porque estimulan la maloliente actividad de las glándulas apocrinas.

❋ Bebe mucha agua, que activa las glándulas ecrinas y ayuda a diluir el olor del cuerpo. Come mucha fruta y verdura. Lo que comes termina saliendo por tus poros y afecta la forma en que hueles.

Pulverízalo, frótalo, úntalo, hazlo rodar.
Desodorantes y antitranspirantes
La diferencia entre desodorantes y antitranspirantes es que los primeros tapan el olor sin evitar la transpiración. Los antitranspirantes contienen aluminio, que reduce o detiene la transpiración. A largo plazo, los antitranspirantes pueden ser perjudiciales, porque impiden que tu cuerpo elimine toxinas con la transpiración. Los antitranspirantes pueden provocar además irritaciones en la piel.

Bronceada y bellísima (¡No lo creo!)
Tomar unos diez minutos de sol cada día nos suministra nuestra ración diaria de vitamina D. Tomar el sol entre las

Querida amiga:

Mi amiga tiene lo que yo llamaría un desafortunado olor corporal. Algunos chicos en el parque hacen comentarios o muecas a sus espaldas que me hacen sentir muy mal. ¿Debo decirle algo o dejar que se entere de otra manera?
FIRMADO:
ELISA HAZELBIEN

Querida Elisa:
Tienes que decírselo a tu amiga con gran amabilidad. Ella seguramente no sabe lo intenso que es su olor corporal. Es mejor que se entere por ti a que se lo diga alguien que pretenda burlarse o que sea desagradable. Asegúrate de que ella entiende que se lo dices porque la estimas y te importa. ¡El aceite de lavanda es un maravilloso desodorante natural!

diez de la mañana y las tres de la tarde además de cocinarte puede dañar tu piel. Para empezar, puede provocar arrugas prematuras, y en el peor de los casos, cáncer de piel. (Comentario al pasar: el bronceado no elimina el acné. Repito, no lo elimina. El bronceado disimula temporalmente los granitos, pero el daño que le hace a tu piel es muchísimo peor.)

Cómo afecta a tu piel el bronceado

El bronceado es una prueba visible de que tu piel está siendo dañada. Cuando los rayos ultravioletas del sol impactan en tu piel, activan unas células llamadas **melanocitos.** Estas células producen un pigmento marrón llamado **melanina**, que actúa como un protector natural de la piel. Cuanta menos melanina tenemos, menos protegidos estamos.

Si tu piel es muy blanca, tienes menos melanina, por lo que te quemas con facilidad bajo el sol. Si tienes la piel más oscura, aceitunada o bien morena, tiene más melanina y te da mayor protección natural de los rayos dañinos del sol.

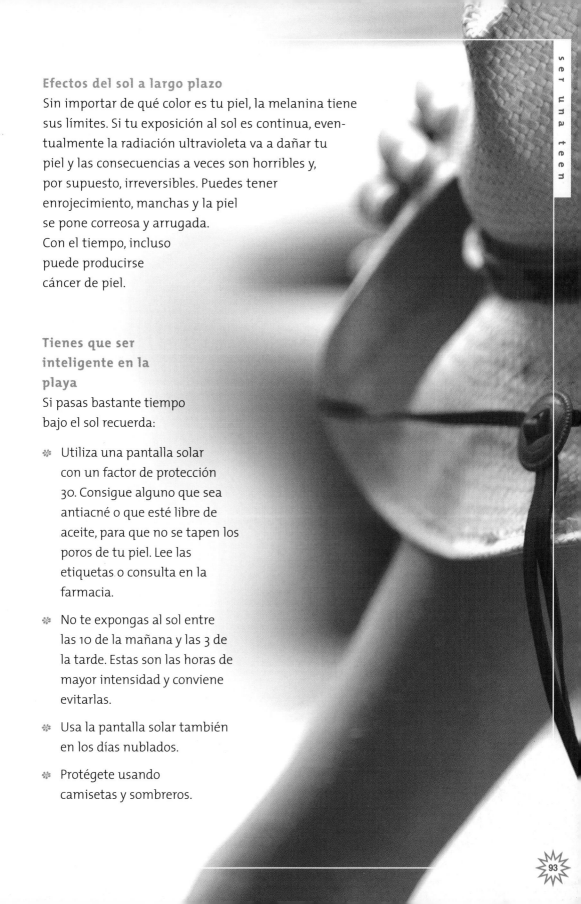

Efectos del sol a largo plazo

Sin importar de qué color es tu piel, la melanina tiene
sus límites. Si tu exposición al sol es continua, eventualmente la radiación ultravioleta va a dañar tu
piel y las consecuencias a veces son horribles y,
por supuesto, irreversibles. Puedes tener
enrojecimiento, manchas y la piel
se pone correosa y arrugada.
Con el tiempo, incluso
puede producirse
cáncer de piel.

Tienes que ser inteligente en la playa

Si pasas bastante tiempo
bajo el sol recuerda:

* Utiliza una pantalla solar
  con un factor de protección
  30. Consigue alguno que sea
  antiacné o que esté libre de
  aceite, para que no se tapen los
  poros de tu piel. Lee las
  etiquetas o consulta en la
  farmacia.

* No te expongas al sol entre
  las 10 de la mañana y las 3 de
  la tarde. Estas son las horas de
  mayor intensidad y conviene
  evitarlas.

* Usa la pantalla solar también
  en los días nublados.

* Protégete usando
  camisetas y sombreros.

capítulo 7

¡Soy la dueña de mi CUERPO!

¿Qué quiero decir con que eres la dueña de tu cuerpo? Bien, quiero decir que debes confiar en ti y en tus sensaciones. Debes ser consciente de lo que te hace sentir bien, cómoda y segura en tu vida diaria, que es cuando las personas van a tocarte de diferentes maneras. Es muy importante que seas capaz de hablar cuando las cosas no te gustan. Que digas: "¡No! Eso no me gusta", y también "¡Basta!". Esto forma parte de ser la dueña de tu cuerpo.

Muchas chicas han recibido información en sus escuelas sobre el cuidado que deben tener con los desconocidos. Sabemos que debemos avisar si vemos extraños en el parque o cerca de los juegos infantiles. Y hemos aprendido a evitar a estas personas. Si intentan molestarnos, sabemos que debemos decirles: "¡No!", y correr a avisar a nuestros padres o a un adulto conocido.

¿Qué pasa si conozco a la gente que me toca?

Parece extraño hablar de "tocar" si nos referimos a gente que conocemos, porque no esperamos tener que pensar sobre lo que se siente genial y lo que nos da asco. Vamos a reflexionar por un momento: ¿Con quién te sientes cómoda cuando te toca? ¿Qué clase de contacto sientes agradable y seguro? ¿Qué tipo de contacto es totalmente desagradable y te hace sentir como que "te encoges por dentro"?

Las personas conocidas que nos tocan pueden ser nuestros padres, tíos, abuelos, hermanos, maestros, amigos de la familia y nuestros amigos. Estas son algunas de las maneras en que nos tocan: mimos, abrazos, tomarse de las manos, palmadas en la cabeza, rascar la espalda, apretar un pie. Y la lista sigue.

¿Puedes nombrar qué tipo de contacto estaría mal? ¿Algo cuya sola idea te haga sentir incómoda o asustada? Esto incluye el que te pidan que hagas cosas que no te gustan, quizás tocar o palmear la cola de alguien, dar besos húmedos en la boca, pellizcos o abrazos que te estrujan los huesos, restregarse o meter los dedos en partes que son privadas. La pri-

mera vez que algo de esto suceda, tú puedes gritar: "¡BASTA! ¡ESTE ES MI CUERPO!". Y correr inmediatamente a contárselo a una persona de tu confianza. Debes saber que **no debes permitirle a nadie que te toque de una manera que sientas peligrosa o sexual**.

Esto se llama **abuso** porque es incorrecto. El que conozcas a una persona no significa que puede tocarte de una manera que te resulte asquerosa. Y tampoco está bien que te pida que toques alguna parte suya que te haga sentir incómoda. Podemos sentirnos confundidas, porque quizá se trata de alguien de nuestra familia o de un amigo de la familia, personas en las que confiamos y con las que nos sentimos seguras. Por eso es doble, triple, cuadruplemente importante que confíes en tus sentimientos. Si tienes una sensación de asco mientras lees esto, estoy satisfecha. Quiere decir que estás viva y bien sintonizada. ¡Las que están hablando son tus sensaciones!

¿Que te toquen y tú guardas el secreto? ¡NI LOCA!

No permitas que nadie te convenza de que debes mantenerlo en secreto. Intentarán trucos y tratarán de confundirte diciendo cosas como "es porque te quiero" o "es sólo un juego" o "si no lo cuentas te compraré un regalo". Por supuesto, ¡todo eso es un montón de mentiras! Son trampas para que tú hagas lo que ellos quieren y acallar tus sentimientos. **Recuerda que no has hecho nada malo y contarlo es el primer paso para detener cualquier situación que quieras evitar.**

¿Qué puedes hacer o decir en ese momento?

Es muy difícil para cualquiera encontrar las palabras adecuadas en ese momento porque estamos sorprendidas y asustadas. Resulta tan extraño que podemos pensar que en realidad lo estamos imaginando. ¡Amiga, ten confianza en ti misma y en tus percepciones! Tienes derecho a sentirte segura.

Esto es lo que han dicho y hecho algunas amigas que conozco:

¿Quién está en tu red de seguridad?

* **Habla claro y habla alto**. Si hay un adulto en la habitación vecina, llámalo con voz fuerte para que venga y te ayude. O díselo a un padre o adulto que conozcas tan pronto como sea posible.

* **Aléjate**. No permanezcas en la misma habitación.

* **Di "NO" con mucho énfasis**. Otras cosas que puedes decir en el mismo tono: ¡Basta, esto no me gusta! ¡No hagas eso! ¡No me toques! ¡Basta, se lo voy a decir a... (madre, maestra, hermana)!

* **Díselo a alguien en quien confíes**. Puedes hablar con un pariente, la madre de una amiga, una maestra o el director de la escuela. Puedes hablar con un sacerdote o con un rabino. Elige una persona con la que te sientas segura. Continúa hablando con adultos hasta que te escuchen, te crean y te ayuden a impedir que la situación se repita.

capítulo 8

¡Resuélvelo, AMIGA!

Guía teen para la solución de conflictos

Recuerdo que en séptimo grado me peleé con una amiga que era una chica muy popular, y discutir con ella significaba quedarse fuera de nuestro grupo, aun cuando nadie dijera nada al respecto. Yo me había imaginado unas cosas terribles sobre ella; que era mala y no valoraba nuestra amistad, etc., etc. Esto continuó hasta el segundo trimestre, cuando volvimos a encontrarnos y me enteré de lo mal que ella se sentía y que quería entrar en contacto conmigo pero se sentía demasiado atemorizada para hacerlo.

¿Te ha pasado algo parecido? ¿Has notado que últimamente tienes cada vez más desencuentros con una amiga?, ¿o que estás chocando con la personalidad de un amigo, lo que provoca un conflicto? Peor aún, ¿has tenido un problema con alguien y dejaron de hablarse durante semanas causándose problemas, como lo hice yo?

Mi Amiga, la moraleja de esta historia es: ¡no esperes! Resolver los problemas en cuanto se producen es la mejor manera de lidiar con ellos y evitar conflictos. ¡Pon a trabajar esos músculos para la solución de conflictos! Cuando podemos resolver problemas, somos capaces de comprender, respetar y querer más a nuestra familia y a nuestros amigos. Yo sé que este es un tema que puede dar miedo, por eso aquí van unos cuantos consejos bien jugosos acerca de cómo se crean los problemas ¡y cómo resolverlos! Pero antes que nada veamos qué es lo que entendemos por conflicto y en qué tipo de conflicto podemos vernos envueltas.

Conflicto: ¿de qué se trata?

¿Por qué discute o pelea la gente? Bien, básicamente se trata de las diferencias. Todos somos diferentes y la manera en la que nos comunicamos y comprendemos las cosas también es diferente. Puede tratarse de cualquier cosa, desde cuáles son nuestras creencias y valores familiares, de qué cultura procedemos, por cuestiones espirituales, por la edad que tenemos, si somos chicas o muchachos, a quién elegimos como amigos, nuestra salud, si tenemos una discapacidad física o mental, la situación financiera de la familia, y eso es por nombrar sólo unas pocas. Nuestras diferencias aportan a la riqueza del mundo en el que vivimos, pero también crean tensiones y conflictos. Lo más importante es recordar que ser diferente no significa que uno sea mejor que el otro, y que todos tenemos el derecho de ser tratados con igualdad y con respeto. Tanto por otros chicos como por los adultos.

¿Cómo te ves cuando estás frente a un conflicto?

CUANDO EL CONFLICTO COMIENZA, TÚ:

a) ¿Te relames, te arremangas y te zambulles?

b) ¿Intentas ignorarlo y esperas a que desaparezca?

c) ¿Corres a refugiarte en las colinas?

d) Todas las mencionadas antes, dependiendo de las circunstancias.

Si has elegido **d)** estás en el buen camino. En distintos momentos de diferentes conflictos podemos elegir alguna de estas posibilidades. Un conflicto tiende a complicarse si nos atenemos a una única opción. Por ejemplo, salir corriendo a veces es una buena opción (¡al menos para mantenernos en forma!). Si encuentras que el mismo problema se repite, habrá que encontrar otra alternativa. Un buen punto de partida es aprender cuál es nuestra actitud frente a un conflicto. Sigue leyendo a ver si reconoces en alguno de los ejemplos a tu amiga, tu hermana, tu vecina, ¡o quizás a ti misma! Recuerda, son necesarias dos personas para que se produzca una pelea, por lo que debes tener claro cuál es tu actitud.

Recuerda...

No está bien que alguien te haga sentir mal, avergonzada o incómoda por tu cuerpo, o por ser quien eres. Si alguien se burla de ti porque tienes pechos, acné o el período, tienes que intentar resolver el problema. Si la que se burla eres tú: ¡BASTA! Recuerda que la burla lastima a las personas y no sabes si tú serás la próxima víctima. Algo que nunca detiene una burla es responder con otra. Insultar, menospreciar o ser sarcástico son las cosas que pueden hacerte ver tan mal como quien inició la burla. El sarcasmo es muy hiriente y puede dañar la confianza y el respeto de la familia y los amigos.

Las constantes batallas verbales avanzan muy rápidamente al terreno físico y, mi amiga, ¡tú no quieres ir ahí!

Algunos tipos conflictivos
MIRADAS QUE MATAN

Cuando alguien lo contradice o no está de buen humor, sus ojos lanzan afiladas dagas frías como el hielo, directamente hacia el corazón de su víctima, todo ello con una encantadora sonrisa. Ya conoces el tipo.

¿Qué hacer?

❈ En este caso es muy tentador salir corriendo. Ignora el comportamiento y déjala solo. ¿Sabes qué? Su mal humor probablemente no tenga que ver contigo. Es mejor salir con otras amigas o ir a otros sitios.

❈ Utiliza el humor: "Ay, acabo de sentir un agudo pinchazo que parecía provenir directamente de tus ojos".

❈ Sé directa: "Has hecho un par de comentarios mordaces que me han lastimado. ¿Quieres que hablemos sobre el tema?". Si dice que sí, puede ser una buena oportunidad para que intenten comprenderse mutuamente. Si dice que no, es el momento de responder "muy bien, ya nos veremos".

EL GRITÓN

(¿Nunca tienen laringitis?) Este te suelta un estallido de ira que se le pasa un par de minutos después, mientras tú sigues en shock cubriéndote la cabeza. Este comportamiento es habitual entre hermanos o con los padres y puede dispararse por cualquier motivo, desde quién se comió la última galleta hasta una cuestión más seria.

¿Qué hacer?

❈ Gritar es inútil, lo mejor es mantener la calma y bajar el tono de voz. Intenta hablar sobre lo que en realidad lo hace sentir tan mal.

* Ponte firme: Dile que no quieres que te hable en ese tono y que, si continúa, te marcharás. Si el que grita es un adulto, pídele que no lo haga, para que tú puedas hablar sobre el problema.

* Si no parece que el problema pueda resolverse quizá necesites la ayuda de un mediador (es una persona neutral capaz de tratar con equidad a las dos partes). Recurre a un padre, un maestro o una buena amiga.

* ¿Qué es lo que has dicho? ¡Que tú eres la culpable! Pues hay ayuda para ti. Si crees que vas a perder los estribos, detente. Respira un par de veces profundamente. Desacelera contando lentamente hasta diez. Aléjate de la situación que te molesta. Sal a dar un paseo. Los gritos y los insultos sólo crean malos sentimientos y, cuando se hacen frecuentes, la gente se marcha. ¿Quizás te sientes herida? Intenta hablar claramente sobre tus sentimientos y explicar cómo quisieras que cambiaran las cosas para sentirte mejor.

LA PLÁSTICA SARCÁSTICA

Lo que dice quizá es inofensivo, pero lo hace de "una forma" que te retuerce las tripas. Cuando le señalas su conducta intenta negarla con la excusa de que era una broma.

¿Qué hacer?

* Si puedes, ignórala, o responde lo más directamente posible.

* Ponte firme y llama al comportamiento por su nombre: "Ya sé que dices que estás bromeando, pero tus comentarios sarcásticos son desagradables y me hacen daño. Por favor, termina con eso".

* Consigue la ayuda de una amiga. En momentos como este, será magnífico contar con su apoyo.

¿PELEARSE CON UNA COMPAÑERA ES PECADO?

Los amigos y amigas tienen una regla no escrita y es que hay que estar siempre de acuerdo, apoyarse en todo y no molestarse por lo que diga el otro. Esto significa, a veces, que se espera que tú digas y hagas las cosas que tu grupo quiere, en lugar de seguir tus propias opiniones. Esto es poco razonable y, si intentan presionarte para que hagas cosas que tú no quieres hacer, se convierte en presión de grupo. ¿Reconoces esta situación?

Una amiga me dijo que nunca confiaba totalmente en una persona hasta que peleaba con ella. Aun cuando no sugiero que te pongas los guantes, creo que lo que mi amiga quería decir es que le gustaba ver todos los aspectos de una persona, su parte luminosa, amable y juguetona, pero también la de arpía gruñona.

Trabajar en un conflicto es una buena excusa para mirarnos a nosotras mismas y estudiar nuestras actitudes y nuestras opiniones. Cuando se los aborda positivamente, los conflictos pueden profundizar la comprensión entre amigos y con la familia. En muchas ocasiones, esas relaciones incluso se refuerzan.

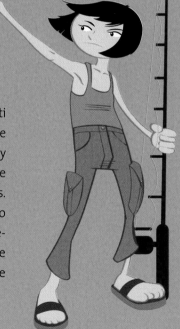

Este consejo es difícil de seguir, pero vale la pena. Si sientes que hay tensión con una amiga cercana o con un miembro de tu familia, pídeles que te digan lo que les gusta de ti y también aquello de lo que podrían prescindir. Pídeles que te digan la verdad pero con delicadeza. Escucha lo que te digan y tómatelo en serio; así es como te ven otros. Hazte la promesa de mejorar los puntos buenos y de trabajar duro en los más difíciles.

El hecho de que tus amigas estén diciendo o haciendo algo no significa que tú también tengas que hacerlo. En especial si se trata de algo con lo que no estás de acuerdo o que le hace daño a otra persona. Piensa en lo que es importante para ti y trata de mantenerte fiel a tus ideas.

Durante la pubertad, aprender a escuchar tus sentimientos es un primer paso en el proceso de crecer hacia la adultez. Que tú respetes tus sentimientos es muy importante para que sean respetados por los demás.

Revisa los "músculos" para la solución de conflictos

¡HABLA CLARO!

Cómo hacer para que una conversación difícil vaya mucho mejor de lo que temías:

* Cuando quieres decirle a alguien cómo ves las cosas, no lo critiques ni lo rebajes, porque no te va a escuchar y terminarás empeorando la cuestión.
* Expresa tus quejas de un modo breve y concreto. Si enuncias mil heridas del pasado, terminarás irritando a tu interlocutor y es probable que "se desconecte".
* Sé enérgica. ¡Dilo porque lo crees! Tu tono de voz, la expresión de tu rostro y la postura de tu cuerpo tienen que acompañar tus palabras. Puede parecerte raro usar un tono muy serio, pero es parte de tomarte seriamente a ti misma y dejar clara tu posición. Sé valiente e inténtalo. Un buen consejo es que aunque no lo sientas, actúes. Alza la cabeza y ponte de pie con orgullo.
* Evita decir: "No es justo". Esta es una manera de culpar a la otra persona en lugar de hacerte responsable de lo que quieres. En cambio, habla sobre las opciones que hay y lo que estás preparada para hacer.
* Evita rogar (tú sabes de que hablo: "¿por favor, por favor, por favor, puedo tener la... computadora?). Aparte de ser un importante fastidio para cualquiera que lo escuche, generalmente no produce ningún resultado. Intenta decir clara y brevemente qué es lo que quieres y los motivos por los que lo quieres. ¡Tus padres pueden impresionarse tanto que quizás te lo den! Si no funciona, respira profundamente y olvídalo. Piensa en esto: la aceptación ayuda a fortalecer la dignidad.

ESTÁS EN EL BUEN CAMINO CUANDO:

* Comienzas a escuchar verdaderamente a la otra persona. Lo dejas terminar de hablar sin interrumpirlo con tu respuesta o tu opinión tratando de defender tu posición.

¡Disfruta siendo una perdedora!

En el mundo de los conflictos ganas algunos y pierdes otros. Todo se empareja dentro de la gran lavadora universal. Perder no te disminuye como persona. De hecho, hacen falta muchas agallas para admitir que estás equivocada, para echarte atrás o para darte por vencida de vez en cuando.

105

Conecta tu radar interior

Cierra los ojos, coloca las manos sobre tu
diafragma y respira profundamente varias veces.
Considera cuál es tu deseo más profundo para
trabajar y resolver el conflicto.

Por ejemplo: ¿quieres aclarar las cosas respecto
a un malentendido? ¿Quieres mejorar tu relación
y la comunicación con la otra persona? ¿O sólo
quieres que tu punto de vista sea el ganador?

- Sientes que has planteado claramente tu posición sin rebajar a la otra persona.
- Sientes que puedes comprender las posiciones del otro.
- Reconoces que hay algo de verdad en lo que te dicen y te haces responsable por la parte que te toca.
- Haces una pausa, respiras antes de hablar y mantienes el contacto visual.
- Sientes compasión por tu interlocutor. Demuestras en tus palabras, el tono de tu voz, la expresión de tu cara y la postura de tu cuerpo que sus sentimientos te importan.
- Te sonríes o te ries durante la discusión. En ocasiones nos quedamos tan fijados en tener la razón que descubrimos que nuestra actitud es un poco ridícula. La risa sirve para relajar este tipo de situaciones y aligerar la discusión.
- Te sientes más calmada. Hay menos tensión en la cara y en la garganta. El tono de tu voz es más bajo y sientes que alrededor de los ojos y de la mandíbula estás más relajada.

RECUERDA, LAS COSAS PUEDEN SALIR MAL SI:

- Comienzas a gritar y sientes que lo único que te importa es ganar la discusión.
- No permites que la otra persona termine de hablar sin interrumpirla.
- Ambos comienzan a dar vueltas y ninguno está dispuesto a ceder un poco.
- Comienzas a insultar, a burlarte, a ser sarcástica o a amenazar a la otra persona.
- Culpas al otro por todo lo que ha salido mal.
- Pones cara de piedra. Te desconectas cuando hablan, miras a otra parte y haces todo eso que te molesta tanto cuando te lo hacen a ti.
- Tu cuerpo está agarrotado –la cara, los hombros, el estómago, la mandíbula y las manos–, o pierdes la esperanza, te duele el estómago o comienzas a sentirte enferma.

ACOSO

El acoso u hostigamiento se produce cuando alguien trata de intimidarte, asustarte o herirte, tanto verbal como físicamente. Puede suceder en el patio de la escuela, en la clase o de camino a casa. Ocurre de diferentes maneras: se burlan, te provocan o te desafían a pelear. No siempre lo hacen solos, a veces un grupo hostiga a una persona, o un grupo hostiga a otro grupo.

Lo que debes saber, amiga, es que ¡el acoso está definitivamente cancelado! Si te hostigan a ti, a un amigo o a tu hermana, o si conoces a un acosador, este comportamiento es INACEPTABLE y debe ser detenido. ¿Qué hacer para detenerlo? Sigue leyendo.

BURLAS

Las burlas suelen ser personales, pero la mayor parte del tiempo no lo son. Generalmente se centran en nuestro aspecto exterior, sin siquiera saber quiénes somos. Se pueden burlar porque usamos anteojos, porque tenemos sobrepeso, porque somos bajos o tenemos la piel de distinto color. En estos casos, la burla y el acoso son totalmente ridículos y una pérdida de tiempo.

Amiga mía, esta es una buena oportunidad para defender tus diferencias y respetar las de los demás. Consigue el apoyo de tus compañeras para hacerlo juntas. Lo mejor que pueden hacer es estar allí para acompañarse y defenderse unas a otras.

¿CÓMO TRATAR CON UN ACOSADOR?

❋ ¿Darles en la cabeza con un tampón? Me parece que no. Ignóralos y déjalos solos. Empieza a salir con otras personas e ir a otros sitios. Si estás en el patio de la escuela, cámbiate a un lugar más cercano a los maestros, en caso de que el acosador intente golpearte.

❋ Dile que estás de acuerdo. ¡Lo vas a dejar con la boca abierta! No hay pelea si uno no quiere. Por ejemplo, si te dicen "con esas gafas pareces una estúpida", tú puedes responder "sí, es muy probable" o "si eso es lo que tú piensas" y marcharte. Esto les dará la impresión de que no te sientes molesta por sus comentarios.

- ❋ Actúa con firmeza. Nombra el comportamiento, cómo te hace sentir y lo que quieres que suceda. Hazlo corto y amable: "No me gusta que me menosprecies. Me lastima y quiero que termines".
- ❋ Si te parece que el acoso verbal puede hacerse físico, márchate rápidamente y busca la ayuda de un adulto.
- ❋ Asegúrate de que tus amigas estén cerca de ti.

SI EL ACOSADOR CONTINÚA...

- ❋ Cuéntalo. Recuerda, **contarlo** es el primer paso para detener cualquier problema. Habla con tu maestra o con tus padres y consigue ayuda. Puede ser que el acosador no escuche "basta" cuando lo dices tú, pero va a prestar más atención cuando lo diga un adulto.
- ❋ Si estás en la escuela, díselo a un maestro y juega cerca de él. Es una buena manera de estar a salvo.
- ❋ Denuncia el problema a la dirección de la escuela. Cuéntalo o hazlo por escrito.
- ❋ Cuando salgas de la escuela camina con tus amigas, especialmente si crees que puedes encontrarte con el acosador. Ten amigos y sé una buena amiga. Eso es apoyo mutuo.
- ❋ Si tus amigos no están cerca, busca la ayuda de un adulto. Dile que necesitas que te acompañe.

Una última palabra sobre la solución de conflictos

Tómate un momento para pensar en lo que has leído hasta ahora. En la mayoría de los casos, los conflictos suceden a causa de un malentendido o por ver las cosas con diferentes puntos de vista. Intentar ponerte en los zapatos de la otra persona es una buena manera de entender su posición y de pensar en cómo se siente. Por supuesto, también debemos recordar que hay que tratar a la gente con respeto y pedir que nos traten del mismo modo. Es la mejor manera de evitar los conflictos. ¡Continúa brillando SúperTeen!

chapter 9

Las teens toman

EL MUNDO

Has notado que estás cambiando...

¿Pero sabes qué? ¡No eres la única! Si miras alrededor, verás a alguien en tu familia, en la escuela o en tu grupo de amigos que está pasando por algo parecido, o por lo mismo. Para empezar, todos tus amigos, chicas y muchachos, también están cambiando y probablemente se sienten tan confundidos, avergonzados, emocionados y curiosos como tú. De hecho, este es un tiempo en el que cada uno está controlando a todos los demás. ¿A quién empezaron a crecerle los pechos, quién está cambiando la voz, a quién le brotó una colonia de granitos en el mentón y cuál de los chicos tiene los hombros más anchos? Mientras los observas, puedes encontrar que te estás mirando en un espejo. Esos chicos insoportables de tercer y cuarto grado parecen más agradables cuando estás en quinto y sexto. Estás comenzando a verlos como amigos, o algo más, y no como esos molestos apestosos.

¡QUÉ BIEN QUE TE VES!

Puede que aparezca en nuestros sueños, que pensemos que no hay palabras para describir su belleza o que estemos perdidamente enamoradas, sea quien sea, se tratará de alguien tan diferente como lo somos nosotras. Eso es lo que nos hace una pandilla tan diversa y maravillosa. Así como a algunas de nosotras nos gustan altos, a otras nos ustarán bajos, de cabello oscuro, de cabello enrulado, musculosos, delgados, tranquilos, intelectuales o deportistas, el género también es una de esas elecciones. Puedes sentirte atraída por chicos, por chicas o por ambos. Estas elecciones forman parte del proceso de crecer y descubrir quién eres. Esta es una cuestión en la que no hay reglas, ni caminos correctos o incorrectos. Se trata de lo que es mejor para ti e implica aprender a descubrir quién eres y a confiar en tus sentimientos.

HETEROSEXUAL Y GAY QUIEREN DECIR "FELIZ"

Sentirse románticamente atraído por una persona del sexo opuesto se describe como **heterosexualidad** (proviene de la palabra **heteros**, del griego antiguo, que significa otro). Para aquellos de nosotros que nos sintamos románticamente interesados por una persona del mismo sexo, la palabra es **homosexualidad** (otra palabra del griego antiguo, **homos**, que significa igual). Es probable que hayas oído las palabras más comunes "gay" (homosexual masculino) o "lesbiana" (homosexual femenina) para describir la homosexualidad. Algunas personas hacen su elección cuando son mayores, para otras es algo que han sabido de sí mismas desde la infancia.

Muchas chicas en mis grupos han contado que sus mamás tienen una relación con otra mujer o que su padre es gay. Estas chicas saben lo normal que es para sus padres mantener estas relaciones, porque el resto de su vida es como la de todos los demás: estudian, trabajan, se ocupan de su casa, tienen amigos, quieren a sus hijos y están enamorados así sean heterosexuales, homosexuales o **bisexuales** (**bi** significa dos. Las personas que son bisexuales sienten atracción por ambos sexos. Alguien dijo que ser bisexual te da el doble de posibilidades de conseguir una cita).

Debes saber que la mayoría de las personas han tenido sentimientos, pensamientos, sueños y fantasías homosexuales en algún momento de su vida, lo que no significa que sean homosexuales. A medida que nos desarrollamos sexualmente, es normal sentir curiosidad y explorar diferentes opciones de relación. En algunas ocasiones, las personas tienen sentimientos o enamoramientos homosexuales y se sienten confundidas o asustadas por esos sentimientos. A menudo se debe a que les han dicho que ser homosexual no está bien o no es "normal". Cualquiera que sea tu preferencia sexual, lo importante es quererte a ti misma y sentirte orgullosa de quién eres.

> "No quiero que se acabe la infancia porque es muy divertida. Tus padres toman todas las decisiones y no hay necesidad de pensar." Cecilia, 10 años

¿Qué pasa con los PúberMuchachos?

Si piensas que es injusto pasar por estos cambios de la pubertad, saber que los muchachos están pasando por lo mismo puede dibujar una sonrisa en tu rostro. Espiemos detrás de la cortina de los PúberMuchachos:

* Les crecen el pene y los testículos.
* Les crece vello púbico alrededor de los genitales. Sus brazos y piernas se hacen más peludos. ¡Y hay más! Le crecerá pelo en la cara y posiblemente en el pecho, la espalda y la cola.
* Tendrán erecciones. Estas se producen cuando el tejido dentro del pene se llena de sangre y se hincha, con lo que el pene se endurece y se hace más abultado.
* Van a tener sueños húmedos. El término médico es **emisiones nocturnas** (nocturnas porque suceden durante la noche y "emisiones" significa que sale fuera). Los sueños húmedos se producen cuando los muchachos duermen y tienen un sueño erótico, entonces eyaculan (lanzan un chorro) semen por su pene (semen es el líquido que transporta las células sexuales masculinas llamadas esperma). No es nada divertido tener que levantarse en medio de la noche para cambiar las sábanas.
* Les crece pelo en las axilas y tienen más olor corporal.
* Cambian la voz. Puede subir y bajar durante un tiempo. Después se hará más grave.
* Tienen granos y también acné. Los muchachos se ven más afectados que las chicas.
* Aumentan su altura y se desarrollan sus músculos.
* Sus hombros se ensanchan.
* A algunos muchachos (hasta el 60%) les crece el tejido del pecho bajo los pezones. Como las chicas, pueden notar sensibilidad y molestias en esa zona. Generalmente desaparecen al final de la pubertad.

¡MIS AMIGAS SON TAAAN GENIALES!

Las chicas somos afortunadas, porque muchas de nosotras compartimos una relación cercana y afectuosa con nuestras amigas. Nos sentimos a gusto, mucho más que los chicos, tomándonos las manos, compartiendo nuestros pensamientos y sentimientos, abrazando y besando a nuestras amigas. Nuestras compañeras son queridas, y cuando nos tratamos mutuamente con amabilidad y respeto, nuestra amistad crece y se profundiza con el pasar de los años. Hay amigas que se han conocido desde el preescolar. Quizá tienes una amiga así.

Un problema que puede aparecer entre las amigas son los chismes. Pueden causar mucho sufrimiento y hasta las mejores amigas pueden pelearse. Ya conoces la película: una cuestión personal es compartida con una amiga que después se lo cuenta a todas las demás. Muy bien, supongamos que tú eres la que ha contado algo. Si recuerdas la primera vez que lo contaste, es probable que en ese momento no se sintiera bien. Puede que sintieras que ibas contra tus propios sentimientos. ¿Qué pasa si te convencen con dulzura para que compartas tu más íntimo secreto? Las chicas me preguntan: "¿Cómo sabes en quién confiar?". ¿Sabes cuál es la respuesta? Tienes que aprender a confiar en ti misma y en lo que sientes. Hagamos una prueba. Piensa en la última vez que te hayan lastimado por un chisme. ¿Te sentiste presionada para hablar o lo hiciste porque querías gustar o ser agradable? Quizás notaste una sensación física de incomodidad mientras estabas hablando. Sentiste palpitaciones o una tensión en el estómago, que tu respiración se aceleraba o que se hacía un nudo en tu garganta. Estos son signos de que hablar no está bien. Confía en estas sensaciones, no te van a engañar. Aunque tu amiga esté prometiendo con miel y azúcar en los labios que no se lo va a contar a nadie, sé honesta contigo misma. Por otro lado, si ya sabes cómo es que te presionen hasta hacerte sentir incómoda, asegúrate de que sabes guardar un secreto, y no presiones a otros para que lo revelen. Debes darles a tus amigas el espacio y el respeto que quieres para ti. ¡Todas lo merecen!

LA PUBERTAD ES UNA EXPERIENCIA FAMILIAR

A medida que vas cambiando, la relación con tus padres y tus hermanos también cambiará. Tienes una edad en la que todavía necesitas de tus padres, pero estás saliendo más frecuentemente con tus amigas, quieres tomar tus propias decisiones y ser más independiente. Es posible que tengas diferencias de opinión, que quieras elegir tu ropa, los amigos con los que sales y tus hobbies. (Si todo esto sucede sin problemas, por favor dime tu secreto.)

Las cuestiones físicas y emocionales parecen ir de la mano; por ejemplo, cuando comienzas a crecer y se desarrollan los pechos, comienzas a sentirte tímida respecto a tu cuerpo y quieres tener más privacidad. Puedes no querer hablar de lo que te pasa, en parte por la privacidad y en parte porque no estás muy segura. Aquí es donde tus padres pueden ser realmente magníficos si los dejas ayudarte. Si quieres que tus padres confíen en ti, un buen comienzo es confiar en ellos con lo que te sucede. Si te sientes rara hablando de cuestiones de la pubertad, quizás te ayude recordar que tu mamá, tu abuela y tu bisabuela pasaron por la pubertad y tuvieron ganas de tener cerrada la puerta del dormitorio, no les gustaba la blusa que su madre les había comprado, sus pechos las avergonzaban y pensaban que el vecino era muy guapo. Una buena forma de

¡La teen se enfrenta al mundo!

Bien, el espectáculo está por acabar, qué otra cosa puedo decir que desearte la mejor de las suertes en tu jornada. Espero que el libro te ayude a recibir con más tranquilidad todos los cambios que llegarán en el próximo par de años, de los granitos a los tampones, desde los pechos al olor corporal y mucho más. El resto será tu tarea. Con el final de este libro te paso la gloriosa antorcha de la pubertad.

Tú y tus compañeras son las líderes y embajadoras en recordarles a las chicas que la pubertad no es una mala palabra y que la menstruación es una parte saludable y normal de crecer. Tú y las teens en todo el mundo, de todos los tamaños, formas y colores, que están pasando juntas por esta loca y maravillosa experiencia, espero que ahora, en el final de este libro, estén sonriendo, porque saben con tranquila seguridad que son hermosas, poderosas y creativas. Ustedes pueden hacer lo que quieran si se dedican a ello ¡hasta superar la pubertad!

empezar es preguntando cómo fue para ellas tener el primer período, si se lo contaron a sus padres y cómo se manejó la situación. Algunos padres quieren celebrar la llegada del primer período. ¿Celebrar? Ya sé, ya sé, tú quieres tener todo tapado y aquí estoy hablando de celebraciones.

Para cada una de nosotras es diferente, pero estás pasando por un momento de cambio increíble en tu vida y algunas de las personas más cercanas quieren celebrar tu pubertad y celebrarte a ti, ¡bella, talentosa y exquisita PúberMuchacha!

GLOSARIO

Adolescencia: Período de la vida que se extiende desde la pubertad hasta la adultez, en que una persona joven "crece".

Anorexia nerviosa: Desorden alimentario en que una persona ayuna o se priva de comida casi por completo. Es frecuente que hagan mucho ejercicio para controlar tanto el peso como la grasa corporal.

Areola: Área circular un poco más oscura que rodea los pezones.

Atracón: Cuando una persona no puede controlar su deseo de comer en exceso y, frecuentemente, lo mantiene en secreto. A diferencia de la bulimia (*ver* Bulimia nerviosa) la persona que padece este problema no vomita la comida.

Autoestima: Término general que describe cómo una persona se siente consigo misma: cómo se siente con quien es, la manera en que actúa y cómo se ve. Cuando una persona no se gusta se dice que tiene poca o baja autoestima.

Bulimia nerviosa: Desorden por el que una persona come una gran cantidad de alimentos (atracón) y después se provoca el vómito. También pueden tomar laxantes o diuréticos.

Clítoris: Pequeño órgano del tamaño de un garbanzo que se encuentra en el frente de la vulva (*ver* Vulva). Es muy sensible al ser tocado, directa o indirectamente. Es el órgano femenino del placer sexual.

Desórdenes alimentarios: Cuando una persona tiene problemas con el modo en que come. Ayuna o no come lo suficiente (*ver* Anorexia) o comen demasiado (*ver* Atracón) o se provocan vómitos (*ver* Bulimia nerviosa).

Dismenorrea: Retortijones incómodos o dolorosos que se producen al comienzo o durante la menstruación.

Dolor menstrual: Dolor o incomodidad que se produce durante la ovulación (*ver* Ovulación). Muchachas y mujeres pueden sentir un ligero dolor en el costado por el que el óvulo es liberado. También puede referirse a los calambres en el abdomen y en la parte baja de la espalda durante los dos primeros días del período.

Estrógeno: Hormona femenina producida por los ovarios.

Flujo: Un fluido resbaladizo, transparente o de color amarillento, que ayuda a mantener la vagina limpia y húmeda.

Genitales: Órganos sexuales de la mujer (labios, clítoris y vagina) o del hombre (pene y testículos).

Himen: Piel que cubre parte de la entrada de la vagina.

Hormona: Elementos químicos naturales producidos por el organismo, como el estrógeno y la progesterona, que afectan o controlan partes de nuestro cuerpo.

Labios mayores: Suaves pliegues de piel que cubren y protegen la vagina.

Labios menores: Piel muy delicada que rodea la parte interior de la vulva que mantiene húmeda la abertura vaginal. Los labios se unen y protegen el clítoris. Se hinchan si son estimulados (como durante la masturbación).

Masturbación: Autoestimulación alrededor de los genitales para obtener satisfacción sexual.

Menarquia: El primer período. Generalmente se produce entre los 8 y los 16 años.

Menopausia: El último período o fin de la menstruación. Suele sucederle a las mujeres entre los 45 y los 55 años de edad. Se dan casos muy poco usuales de mujeres que han tenido la menopausia cerca de los 30 años. Después de la menopausia una mujer no puede quedar embarazada.

Menstruación: Período mensual o sangrado menstrual. Durante la menstruación, la sangre y el tejido acumulados en el útero durante el ciclo menstrual es expelido a través de la vagina, generalmente tiene una duración de 3 a 7 días. A la menstruación se la llama "período" porque su ciclo se repite en un "período" de alrededor de 28 días.

Órganos reproductores: Partes del cuerpo que participan en la reproducción (producción de un bebé). En una mujer incluyen el útero, los ovarios, las trompas de Falopio y la vagina.

Ovarios: Dos órganos (del tamaño de una almendra o una frutilla pequeña) que se encuentran uno a cada lado del útero, en la pelvis de la mujer. Los ovarios contienen óvulos y producen hormonas femeninas. Un óvulo es un huevo.

Ovulación: Cuando uno de los ovarios libera un óvulo como parte del ciclo menstrual.

Período: Ver Menstruación.

Progesterona: Hormona sexual femenina producida por los ovarios que provoca cambios en el recubrimiento del útero.

Prostaglandina: Hormona o mensajero químico en la sangre que causa la contracción de la pared muscular uterina durante la menstruación.

Pubertad: Etapa del desarrollo en la que un niño inicia el proceso que lo llevará a la madurez sexual. Después de estos cambios, una persona es capaz de engendrar. En una chica la pubertad incluye el "estirón", el desarrollo de los pechos y caderas, la aparición de vello corporal y el comienzo de la menstruación (*ver* Menstruación).

Testosterona: Hormona sexual masculina producida en los testículos, que causa el desarrollo de las características sexuales masculinas e incrementa el impulso sexual. Las mujeres tienen menor cantidad de testosterona que los hombres y también las hormonas femeninas estrógeno y progesterona.

Trompas de Falopio: Dos tubos muy delgados que se encuentran uno a cada lado del útero, con un finísimo vello en su interior que se encarga de transportar el óvulo desde el ovario hasta el útero (*ver* Útero).

Útero: También llamado matriz. El útero es un órgano hueco del tamaño de tu puño. Está situado en la pelvis y es donde un bebé se desarrolla durante el embarazo. El útero está formado por tejido muscular con una cobertura interior llamada endometrio, que se forma y engrosa durante el ciclo menstrual, preparándose cada mes para un posible embarazo. Si este no se produce, el tejido y la sangre del endometrio son eliminados durante la menstruación.

Vagina: Llamada ocasionalmente canal del parto. La vagina es un pasaje muscular que conecta la cerviz (parte baja del útero) con el exterior del cuerpo femenino. Durante la menstruación, la sangre menstrual fluye desde el útero a través de la cerviz y deja el cuerpo por la vagina.

Vello púbico: Pelo grueso y rizado que cubre el área genital.

Vulva: Región de los órganos genitales externos que incluye el monte púbico o monte de Venus, los labios mayores, los labios menores, el clítoris y la abertura vaginal.